知れば知るほどヤバい
都市伝説

「噂の真相」を究明する会

宝島社

はじめに

現在、コロナ禍は終わりつつあるが、多くの人々はマスクをしたままだ。まだ、日本はコロナ禍の呪縛から逃れていない。そして、ウクライナ戦争は、いまだに終わりが見えない。

コロナ禍にしろ、ウクライナ戦争にしろ、そのために世界は大混乱に陥った。自粛を迫られ、物価は上昇した。いったい誰が、引き起こしたのか。いったい何のために。

そして、次なる陰謀が始まっている。「イルミナティカードが示す日本滅亡」、「人類5億人計画」、「人類選別アプリ」など……。

本書では、既存のメディアが報じない、闇の支配者たちの陰謀を徹底的に明らかにしていく。

さらに、岸田首相はゴム人間、「雪栄さん、戻って来て」の不気味な張り紙、死を呼ぶ恐怖のドラマなど、巷で密かに噂される、語ってはいけないタブーにも迫る。

都市伝説系YouTuberも多数登場し、超常現象から超古代文明まで徹底解説。

パラレルワールドからやって来た未来人の予言、恐竜人間が作った超高度文明、NASAが準備する宇宙戦争など。

ヤバい都市伝説ばかり。

「信じるか、信じないか」はあなた次第……。

「噂の真相」を究明する会

第一章 言ってはいけない禁断の都市伝説

第二章 秘密結社が仕掛ける陰謀大全 79

第三章 超古代文明&超科学のタブー！ 163

第四章 歴史を動かす黒幕たちの正体

装丁／妹尾善史(landfish)
本文デザイン&DTP／株式会社ユニオンワークス
編集／片山恵悟
写真／共同通信社、アフロ

第一章

言ってはいけない 禁断の都市伝説

都市伝説・考察系YouTuber「コミックパンダ」が語る

ネット発の怪談系都市伝説「裏S区」が最恐といわれる理由

ネット上では日々、身の毛もよだつ恐ろしい都市伝説が語られている。そのなかでも、「2ちゃんねる」(現・5ちゃんねる)のオカルト板に設置された「死ぬほど洒落にならない怖い話を集めてみない?」というスレッド、通称「洒落怖(しゃれこわ)」が生み出してきた迫真の筆致のホラーストーリーは、ネット上における怪談系都市伝説の代名詞といえるだろう。

ただの創作ではないと思わせるリアリティ

例えば、片田舎に住む語り手と友人たちが森の奥にある立ち入り禁止の区域に侵入すると、上半身は腕が6本ある人間の女性の姿、下半身は蛇の姿をした化け物に遭遇する「姦姦蛇螺(かんかんだら)」——。

あるいは、夏休みを利用して海沿いの民宿でアルバイトをすることになった語り手と友人たちが、現在は使われていない民宿の2階に足を踏み入れてしまったことから、もののけに取り憑かれ、さらには生きた人間の業の深さや哀しみが生み出す恐怖の体験をすることになる「リゾートバイト」――。

いずれも「洒落怖」を代表する有名な怪談系都市伝説であり、うまくできたホラーストーリーだ。

しかし、これらの都市伝説が恐ろしい話ではあるものの、一読して創作だとわかる内容となっているのも事実だろう。立ち入り禁止区域で人外の化け物に遭遇したと聞かされても、それを真に受けて「本当にあった話」だと信じる人は少ないはずである。

また、「姦姦蛇螺」や「リゾートバイト」には、その出来事が起きた地域を読み手が想像するための材料がほとんどない。はっきりと地名を示さなくても、ヒントがあれば誰かが考察を加えて地域を特定することが可能だが、まったくの架空の土地が舞台では「リアリティのある怖さ」とはいえない。

逆にいうと、モデルとなった地域がある程度わかれば、読み手が「これは投稿者が実際に体験した本当の話なのではないか？」と感じ、その都市伝説はより現実的で恐ろしいものとなるわけだ。

そういう意味において、「姦姦蛇螺」や「リゾートバイト」とはまた違う身近な怖さがあるのが「裏Ｓ区」という都市伝説だろう。やはり「洒落怖」を代表するホラーのひとつなのだが、その題名からもわかるように、「裏S区」はすでに名前そのものがモデルとなった地域を探るヒントとなっている。そのため、ネット上では以前から「裏S区」をめぐるさまざまな考察が行われているのである。

有力視される北九州市説「裏S区」は実在した？

まず「裏S区」の内容をざっと説明しよう。

語り手の投稿者が住んでいるのは九州の「S区」という地域で、高校1年生のある日、S区から山を越えたところにある「裏S区」に住む仲のよい友人Aから突然、殴る蹴るの暴行を受けるようになった。理由を聞いてもAは何も答えようとせず、なぜか笑いながら、投稿者を毎日殴り続けるのである。

ところが、しばらくしてAがいきなり学校に来なくなり、暴行されていた側の投稿者がAに対するいじめを教師から疑われるようになった。憤った投稿者は登校拒否をするのだが、その間に彼は自宅のマンションでなんとも恐ろしい体験をする。

その後、投稿者は学校で郷土史を教えるAの叔父のBと出会い、裏S区に隠された秘密を知ることになるのだ。叔父のBが語るところによれば、裏S区は地域そのものが「霊の通り道」となっており、そこに住む人々のほとんどが「霊能力」を備えているという。

裏S区の住民は悪霊を見ると「笑う」ことでお祓いをし、ときには取り憑かれた人に暴力を振るうという。つまり、Aが笑いながら殴ったのは、投稿者に憑いた悪霊を追い払うためだったわけだ。そして、最終的にAは自殺してしまい、叔父のBは投稿者に憑いた恐ろしい悪霊の正体を明かすのである――。

これが「裏S区」のごく簡単なあらすじだ。それでは「裏S区」とは一体どこにあるのか？　ネット上の考察をまとめると以下のような結論となる。

九州で「区」という単位で地域を区分しているのは、福岡市、北九州市、熊本市の3つしかない。このうち頭文字に「S」が付くのは福岡市の早良（さわら）区のみ。しかし、早良区は同市の西区から1982年に分区した地域で、「裏早良区」と呼ばれた歴史は存在しない。そこで浮上してくるのが北九州市の門司（もじ）区である。

門司区には港湾開発で埋め立てられた土地につくった「新門司」という頭文字に「S」がつく地域があり、新門司は「門司港の裏」という意味から、かつて「裏門司」と呼ばれていた歴史がある。地域周辺の高齢者には、いまだに新門司を裏門司と呼ぶ人がいるという。

また、郷土史家の麹谷良三郎氏が40年以上前に記した『裏門司地方の「方言集め」』

という本によれば、新門司は約500年前に岡山から来た漁師が定住したことに始まり、彼らが使う方言に「ナメラスジ」というものがあったという。「ナメラスジ」とは「縄筋（なわすじ）」のことで、日本の民間信仰では「悪魔や化け物が通る道」を意味する。

さらに、麹谷氏の『故里のことども』という本によると、新門司には「他者の死や病に関する予知能力を持つ家系」が存在したという。この異能の家系は、おそらく日本の農村で古くから差別の対象となってきた「憑きもの筋」のことだと思われる。

かつて門司区の新門司が「裏門司」と呼ばれていた事実、同地で使われていた方言が「悪魔や化け物が通る道」を意味する点、そして「憑きもの筋」の家系の記録……。これらはあくまでネット上の考察にすぎないが、「裏S区」は門司区の「裏門司」をモデルにした可能性が高いと思われるのだ。

本当の恐怖とは人が豹変していく怖さ

しかし、「裏S区」が実在するかどうかということ以上に私が恐怖を感じるのは、むしろ「裏S区」の住民が悪霊を追い払う際に「笑う」ことにある。

怪談系都市伝説には「お祓いの儀式」というものがよく出てくる。例えば、前述の「姦姦蛇螺」では、化け物である姦姦蛇螺を封じ込める儀式が重要な要素となってお

「裏S区」にはスピンオフもある。ある人が仕事で九州のど田舎に転勤したら、バスの車内で別の席に座った数人がいっせいにケタケタ笑い始めたという（画像は「コミックパンダ」チャンネルより）

り、「リゾートバイト」も呪いを解除する儀式を「おんどう」という特殊な結界を張った寺で行う。つまり、怪談系都市伝説では、片田舎に伝わる禁忌の儀式、神社や寺による特殊なお祓いの儀式といったものが定番となっているのだ。

ところが、「裏S区」には大仰な儀式などまったく出てこない。そこで行われるのは、悪霊が取り憑いた人に裏S区の住人が「笑う」ことだけなのである。

例えば、自殺してしまったAの葬式では、親戚と思われる人たちが「ははははは」「ひひひひ」と笑い、その数日後に投稿者の自宅を訪れた叔父のBは、玄関を出た直後に「あははは」「ひひひひ……」と不気味な笑い声を上げながら帰っていく。先ほどまで投稿者の家族と普通に会話していたにもかかわらず。

つまり、「裏S区」の本当の怖さとは、「人が豹変していく怖さ」なのだ。叔父のBがまとうある種の狂気、豹変していく様子は、サイコロジカルホラー映画の名作『シャイニング』でジャック・ニコルソンが演じた主人公のジャックが狂っていく様に近いものがある。

もし電車やバスで近くに座った男が突然笑い始めたら、周囲の人はどう感じるだろうか。間違いなく「怖い」と思うはずだ。本当に恐ろしい都市伝説には、化け物や儀式は必ずしも必要ないのである。

コミックパンダ（こみっくぱんだ）
都市伝説、有名な心霊スポットやネットホラーを中心に様々な作家さまとコラボレーションして、ホラー漫画を全世界に配信中。視聴者の体験談をもとにオリジナルのホラー漫画も制作。動画は毎週、水・金・日曜日の18：00に新作が公開される。登録者数は21・5万人（2023年5月現在）。唯一の癒やし、チャンネルマスコットのパンダくんも動画に隠れて登場！

ソニーとビーンという2体の巨人が『進撃の巨人』に登場

『進撃の巨人』のモデルとなった〝人食い族〟ソニー・ビーン一家

文／児玉陽司

近親相姦を繰り返し、人食い一家は48人の大家族に

累計発行部数が全世界で1億部を突破し、ハリウッドでの実写映画化も決定。そんな諫山創の大ヒットマンガ『進撃の巨人』に元ネタがあることをご存じだろうか。『進撃の巨人』にはソニーとビーンという2体の巨人が登場するが、実はスコットランドに実在したとされるソニー・ビーンとその一家が『進撃の巨人』のモデルになっているのである。

15世紀初頭のスコットランドのギャロウェイ地方で20年以上にわたって「旅人がこつ然と姿を消す事件」が相次いでいた。ある時、村祭りから帰る途中だった夫婦が馬に乗って走っていると、いきなり謎の集団に襲われ、妻はその場で殺され食べられてしまった。しかし、刀やピストルを持っていた夫は命からがら逃げ延びて、グラスゴーの役所に「人食い族に襲われ、妻が殺され食べられた」と訴えたのだった。事情を

知ったスコットランド国王ジェームズ1世はすぐに現場に兵を向かわせ、人食い族を捕らえることに成功した。それこそが、ビーンとその一族なのである。

　ソニー・ビーンは14世紀後半にイースト・ロージアンで生まれたとされている。働くことが嫌いだったビーンは性悪なあばずれ女のアグネス・ダグラスと知り合い、旅人を襲っては金目のものを盗んでいたのだが、やがて強盗がばれないように旅人を殺して住処（すみか）の洞窟に遺体を持ち込み、人肉を食べるようになっていった。

　また、ビーンとダグラスは非常に性欲が旺盛で8男6女をもうけ、さらに子供たちに性交渉を促して近親相姦を繰り返し、18人の孫息子と14人の孫娘の計48人の大家族になり、一族で連携して旅人を拐（かた）って、みんなで人肉を分け合いながら食べたのだ。

　なお、ソニー・ビーンと一族が起こした事件は当時の公文書などには残されていないが、あまりにも残虐な事件だったため、当時のスコットランド王朝がすべての記録を削除して封印したとされている。

オカルト系WEBメディア「TOCANA」総裁「角由紀子」が語る

謎解明⁉「超常現象」多発地帯には〝異次元ポータル〟が存在する――!!

世界一の〝怪奇現象〟多発地帯米国の「スキンウォーカー牧場」

スキンウォーカー牧場は、世界で怪奇現象が最も多発する場所として有名だ。今回はそんな謎に包まれたスキンウォーカー牧場と当地の調査に多額の出資をしていたロバート・ビゲローという人物の〝裏側〟について紹介したい。

スキンウォーカー牧場は米ユタ州にある広大な牧場で、1世紀以上前から怪奇現象が発生しているといわれている。

そもそも牧場の名前の「スキンウォーカー」とはこの地に住んでいたネイティブアメリカン、ナバホ族の伝承にある〝オオカミの姿をした魔物〟のことだ。ナバホ族は対立していたユト族に支配された際、スキンウォーカーが出現する呪いをこの地にかけたという。以来、スキンウォーカーが現れると噂され、それが牧場名の由来となっている。

１９９４年、そんないわくつきだった土地にシャーマン家が移り住む。しかし、直後から牛が血や臓器が綺麗に抜き取られた状態の死骸で発見されるキャトルミューティレーションが発生。他にもポルターガイスト、スキンウォーカーに似たオオカミの怪物やＵＦＯが目撃されるなど怪奇現象が続出する。オオカミの怪物は銃で撃ったにもかかわらず、悠々と闇に消えて行ったという。

さらにオレンジやブルーのオーブが宙を舞う、牧場に足を踏み入れた人の三半規管に異常が出る、家の中の物がなくなるなどの異常現象も相次いだ。

ＮＡＳＡに資金提供の大富豪と「ヒストリーチャンネル」の調査

そんな不気味な土地ゆえに、シャーマン家は早々に牧場を手放すことになる。その後、牧場を引き受けたのが、冒頭で紹介したロバート・ビゲロー氏である。

ビゲロー氏は１９９６年にこの牧場を購入。彼はアメリカでホテル王として財をなし、ＮＡＳＡに多額の資金提供をしていることでも知られる大富豪だった。また、２００７年から２０１２年までアメリカ政府によって進められた、ＵＦＯやワームホール（２つの離れた空間領域を結ぶトンネルのような時空構造）などを研究する先端航空宇宙脅威特定計画（ＡＡＴＩＰ）にも出資。ビゲロー氏は超常現象の研究に私財を投じている人物なのだ。

もちろん、スキンウォーカー牧場の購入も調査目的であり、ビゲロー氏が所有するビゲロー・エアロスペース・アドバンスド・スペース・スタディーズ（ＢＡＡＳＳ）社によって調査された。さらに、牧場はアメリカ国防総省（ペンタゴン）の調査対象にもなり、大規模調査が行われたという。

超常現象の解明に期待が寄せられたが、調査結果も明らかにしないまま、２０１６年にビゲロー氏は牧場を手放してしまう。これによって、牧場に関する臆測や考察がさらに高まっていったのだ。

ビゲロー氏が手放した後は、彼の意思を継いだ実業家ブランドン・フューガル氏が所有者となる。彼も牧場の調査を引き続き行っていたのだが、そこに目をつけたのがヒストリーチャンネルだった。

歴史番組やドキュメンタリーに定評があるヒストリーチャンネルが、名だたる科学者を動員し、フューガル氏とともに牧場の調査に乗り出したのである。この模様は『ヒストリーチャンネル』の「スキンウォーカー牧場の超常現象」に詳しいが、そこでも不可解な現象が多発している。

例えば、ＵＦＯの目撃情報が多い丘や廃墟では電磁波の数値に異常が現れたり、その地点だけ急に気温が低下したりするのだ。サーモグラフィーの色が、赤（高温）や紫（低温）に次々と変化するなど、明らかに牧場内で「地続きではない場所」があることが示される。

また、このようないわくつきの場所では電子機器に異常が発生するケースがあるが、番組内では瞬時にスマホなどがハッキングされるという高度かつ理解不能な壊れ方を見せた。これに呼応するように牧場関係者も「新顔が牧場に来ると機器が故障したり、ＵＦＯが現れたりする」と何者かの存在を示唆するような発言をしている。

ワームホールがあると仮定すれば、すべての謎に説明がつく

このような現象を目の当たりにした専門家は、「ワームホールがあると仮定すれば、すべての謎に説明がつく」と導き出した。

つまり、現代の科学では解明できず、明らかに地続きではない場所、異次元ポータル（異次元への入り口）やパラレルワールド（並行世界）のようなスポットがスキンウォーカー牧場には存在するということである。ＵＦＯや怪物、心霊など相次ぐ超常現象も、このワームホールの存在ですべて「つながっている」と推測されるのだ。

そして、これらの現象に対する研究支援を一貫して行ってきたビゲロー氏は、この

真相に近づいている可能性が非常に高い。これを裏付けるような発言を、ビゲロー氏は2017年のテレビ番組でしているのである。

「（エイリアンを見つけるために）どこにも行く必要はありません。彼らは〝人々の鼻のすぐ下〟にいます」

つまり、エイリアンは我々のすぐそばにいるということを示唆し、エイリアンが行き来しているワームホールや異次元ポータルは我々の近くに存在しているが気づいていないだけ、ということだ。

超常現象の研究に多額の出資をするロバート・ビゲロー氏。2021年には「死後の世界」の証拠を示す論文に懸賞金をかけるなど、世界のオカルト研究の鍵を握っている人物だ

これはNetflixのオリジナルドラマ『ストレンジャー・シングス 未知の世界』で描かれた裏側のパラレルワールドをイメージすればわかりやすい。

このような異次元への入り口がスキンウォーカー牧場でははっきりと現れているため、霊感がない人でも超常現象を認識してしまうわけである。

世界にはそのような場所が他にも存在すると考えられるが、実は日本にもあらゆる超常現象が発生するスポットがある。それが都内の某ビルにある俳優レッスンスタジオ、Yプロダクションだ。

そのビルでは宇宙人の目撃情報や謎のうめき声、電子機器の故障、物の紛失が頻発している。私も取材に行ったが、電球の点滅や天井から出る無数の手などさまざまな怪奇現象を目の当たりにした。ちなみに、ビルは事故物件ではない。そこは、スキンウォーカー牧場と同様に異次元ポータルがはっきり現れている場所なのである。

こうした異次元ポータルやワームホールの存在を長年調査しているビゲロー氏だが、今日までほとんど情報を明らかにしていない。もしかすると、彼はすでにポータル間を移動するすべを持ち、次元間を行き来している可能性もあるのではないだろうか。近い将来、彼によって世界の〝裏側〟が明かされることを期待したい。

角由紀子（すみ・ゆきこ）
上智大学中退後、白夜書房、BABジャパンを経て株式会社サイゾーに入社。2013年に、オカルトの話題を日々配信するウェブサイト「TOCANA」を立ち上げる。『ほんトカナ?・ケンドーコバヤシの絶対に観ない方がいいテレビ!』『超ムーの世界R』『すみっこオカルト研究所』『角由紀子の明日滅亡するラジオ』などに出演。Twitterのアカウントは「@sumichel0903」。YouTubeチャンネル「角由紀子のヤバイ帝国」を配信中。

スイス企業と科学者チームが「正体」をつかんだと発表

陰謀論「Qアノン」発信元の正体がついに判明か!?

文／佐藤勇馬

Qアノン信奉者たちが信じる驚きの「Qの正体」

近年の陰謀論で最も注目されたのは、「Qアノン」だろう。「Qアノン」とは米国の極右系陰謀論と、それに基づく政治運動集団の総称だ。

Qアノンの始まりは、２０１７年に英語圏最大の匿名ネット掲示板「4chan」に現れた「Q」という人物の書き込みだった。Qの投稿を元に「ドナルド・トランプは、世界規模の児童買春組織を運営する悪魔崇拝の闇の政府と戦っている」といった説が生まれた。さらに、１９９９年に飛行機事故で死去したジョン・F・ケネディ・ジュニア（JFKジュニア）について、「現在も生きていて熱烈なトランプ支持者となり、Qアノンに賛同している」との情報も飛び交った。

JFKジュニアは父親のジョン・F・ケネディに負けず劣らずの国民的人気があり、その次期大統領候補（当時）と目されたことでディープ・ステートから命を狙われ、その魔の手から逃れるために事故死を偽装したとされる。長らく潜伏生活を送っていたが、２０２４年の大統領選でトランプを再び当選させるべく、表舞台に「復活」すると囁かれているのだ。準備段階として現在はネットで活動しているとされ、ＪＦＫジュニアこそが「Ｑの正体」だとＱアノン信奉者に信じられている。もしそうなら、ＪＦＫジュニアの復活によって世界がひっくり返ることになるだろう。

Ｑの文体をアルゴリズム解析分析結果の正確性は92％以上

しかし、Ｑの正体について別の見方が浮上した。スイスの新興企業と科学者チームがアルゴリズムに基づくテキスト解析ソフトウェアを駆使し、Ｑの文体を分析することで「正体」をつかんだと発表したのである。

Ｑの正体として名指しされたのは、南アフリカのソフトウェア開発者ポール・ファーバー氏と最近まで札幌に暮らしていたアジア系アメリカ人のロン・ワトキンス氏。研究チームは「ファーバー氏がＱの投稿を始め、その後は同氏とワトキンス氏の両方になり、最終的にワトキンス氏のみとなった」とし、「分析結果の正確性は92％以上」としている。両者ともＱアノン信奉者として知られるが、揃って「私はＱではない」と否定している。果たして、Ｑの正体は誰なのか？

都市伝説・考察系ＹｏｕＴｕｂｅｒ「ジャックのゆっくり解説室」が語る

超有名都市伝説「きさらぎ駅」にまつわる〝シン・異世界駅〟の正体

「やみ駅」と「かたす駅」

「きさらぎ駅」という都市伝説を知っている読者は多いのではないだろうか。２００４年に2ちゃんねる（現・5ちゃんねる）に投稿されたのが発祥の都市伝説で、投稿者が電車に乗っていたところ、気づけば実在しない「きさらぎ駅」にたどり着いたという話だ。２０２２年6月には、恒松祐里主演で映画化もされている。

だが、実はきさらぎ駅以外にも、存在しない駅に迷い込んだ——という投稿があるのをご存じだろうか。今回は、2ちゃんねるで生まれた、異世界に通ずる駅についてお話ししたい。

まずは、「やみ駅」と「かたす駅」という、「きさらぎ駅」に関係する異世界駅。あらすじは次のとおりだ。

〈２００５年の暮れ、体験者の男性は福岡県久留米市方面に電車で向かっていた。乗車中は本を読んでいたが、ふと視線を上げると周りの乗客が全員眠っていて違和感を感じる。電車が停車すると、そこはその路線をよく使っていた体験者でも見たことのない駅で、ホームの柱にはひらがなで「きさらぎ」とあった。当時は雨が降っており、ホームは一部にしか屋根がないので傘を差している人が多かったが、なぜか誰一人として電車に乗り込んでこない。少し遠くに駅名が書かれた大きな立て札を見つけたが、そこには「きさらぎ」のほか、一つ前の駅は「やみ」、そして次の駅は「かたす」と表記されていた。不思議な感じがした体験者は「降りてみたい」と思ったものの、友人との約束があったため断念。まもなく電車は動き出したが、結局「かたす」という駅に止まることはなく、そのまま久留米に到着した。〉

この体験者は当時、「本を読んでいるうちにウトウトして見た夢だったのだろう」と納得していたが、2011年頃に「きさらぎ駅」の話を偶然ネットで見つけて驚き、投稿することにしたという。

ここで注目すべきは、有名な「きさらぎ駅」の舞台は静岡県とされるのに、この体験者の場合は福岡県だということ。まるで違う場所で、同じ「きさらぎ」という名前を目撃したとなると、2人は同じ異世界駅に迷い込んだと考えるのが妥当なはずだ。

また一説には、「やみ駅」は黄泉（よみ）の国、「かたす駅」は根之堅洲国（ねのかたすくに）という異界を指しているとされる。駅名からこうした考察が飛び交うのも、異世界駅の話の魅力を増すポイントに思える。

〝摩天楼のような景色〟

続いては2008年に投稿された「月の宮駅」の話だ。

〈体験者が東海道付近の夜行列車に乗った時のこと。窓側の席に座りながらウトウトしてしまい、午前3時頃に目が覚めると「月の宮」と書かれた駅に停車していた。駅は薄暗い名古屋駅のようで、現実の駅とは思えなかったが、不思議と恐怖はなかった。ホームには、背の高いヒョロっとした人が数名歩いていたが、それが黒い影のようにも見えてくる。再び電車が動き出すと、窓からは東京タワーくらいの建物が摩天楼のようにそびえ、幻想的な景色が広がっていた――〉

気になるのは、投稿内の「名古屋駅のような感じだった」という部分だ。一説には愛知県の知多半田（ちたはんだ）地方に伝わる「うさぎ伝説」が関係しているのではと考察されている。これは、知多半田ではうさぎ狩りが盛んだったが、ある猟師が狩ったうさぎを助けた時、恩返しとして満月の夜に月の都で餅を振る舞ってもらったという話だ。だが、餅をとことん食べた猟師が、夜に汽車で月の都から帰ると、年をとり、自分の姿が月の光でつくられた影になってしまっていたという。

「月の宮駅」の投稿者は、年齢や見た目の変化については言及していない。しかし、この伝説を踏まえると、彼が見た〝摩天楼のような景色〟は、伝説の〝月の都〟と同じだったようにも思える。さらに、うさぎ伝説のある地域では「満月の夜に異世界への扉が開く」と信じられており、その扉が開くのは夕方から明け方とされる。体験者が月の宮駅に停車した時刻と照らし合わせると、伝説と何かしらの接点があると考えたくなるはずだ。

実話が混ざっている可能性

実は、「きさらぎ駅」が投稿されて以降、前述のような〝異世界駅〟を描いた投稿は、長さや完成度に差はあるものの、20ほど存在している。ただ、「きさらぎ駅」は「気のせいかもしれませんがよろしいですか？」という体験者の問いかけに2ちゃんねらーが反応していく実況型だったのに対し、以降の投稿は「〇年前にこういう体験をした」と、過去の出来事をひとまとめに語る投稿が多いのも特徴だ。

「きさらぎ駅」が実話かどうかの判断は意見が分かれるが、他の類話もまた、その判断は難しい。もちろん、投稿者が「きさらぎ駅」のパロディ作品をつくった、あるいは「きさらぎ駅」の内容を覚えていて、似た夢を見たから書き残した、といったパターンもありそうだ。

とはいえ、異世界駅にまつわる投稿に実話が混ざっている可能性は捨て切れない。そもそも「駅」は、異世界と絡められやすい題材のひとつだ。映画やアニメでもそうした設定の作品は多いうえ、過去には「電車で異世界に行く方法」という都市伝説が話題になっている。この方法は、秋葉原駅から出発し、茅場町駅、高田馬場駅……と特定のルートをたどりながら、途中の、ある改札に10粒の米を置くなどすると、電車で異世界に渡れるというもの。面倒なルートではあるが、これは数ある異世界への行き方のほんのひとつにすぎない可能性もある。気づかぬうちに、うっかり異世界に続くルートを回っていた……なんてこともありえるかもしれない。

ジャックのゆっくり解説室（じゃっくのゆっくりかいせつしつ）
都市伝説にかぎらず、オカルト、ミステリー、怖い話、雑学、映画など自身の好きなジャンルについて気ままに解説した動画を投稿しているYouTuber。チャンネル登録者数は約14・2万人（2023年5月現在）。動画内では主に「ゆっくり」というキャラクターたちが登場し、解説を担当。時々ホラーゲームの実況動画も投稿している。動画共有サイト「niconico」でも活動中。

特定団体の〝思惑〟によるマッチングの可能性もゼロではない

出会いの「マッチングアプリ」が宗教・思想の〝洗脳装置〟の可能性

文／高梨 猛

希望条件を無視してマッチング

いまや男女の出会いといえば「マッチングアプリ」が定番となった。コロナ禍以降は利用者数も増え続け、恋愛や婚活においてなくてはならないサービスともいえる。マッチングアプリは、男女がお互いに好みや希望の居住地、年齢などを登録すると、その条件に合う人とマッチングされてプロフィールが閲覧できる、というのが基本システム。だが、なかには独自のプログラムやＡＩで、希望条件を無視して相性のいい相手をマッチングするものもある。

合同結婚式は〝元祖マッチングアプリ〟

その「独自のプログラム」に、誰かの〝思惑〟が入っているとしたら……と想像してほしい。

そういう意味で、「元祖マッチング」といえるのが、旧統一教会が行う「国際合同祝福結婚式（合同結婚式）」だ。年に1回、適齢期の信者たちが集められ、教会側の斡旋で初対面同士でも結婚するという儀式で、「祝福」とも称される。

「祝福」の草創期は、教祖が目の前でカップルを組み合わせたり、信者の希望相手を書かせたりする「お見合いパーティ」的なものだったというが、1988年頃から参加人数が多くなり、未婚の男女が教会本部に写真を送り、選考後に決められた相手の写真が届くというシステムになった。まさにマッチングアプリと同じ仕組みである。

あるレポートによると、統一教会は「当人の欠点を補う相手であることに加え、先祖からの因縁や問題のすべてを清算できる、夫婦となるにふさわしい相手を推薦する」としている。だが、実態は日本人女性に対して低所得の韓国人男性をあてがうなど、日本人信者に対して恣意的なマッチングが行われることもあるとされる。

こうした「意図」を持ったマッチングアプリが、すでにネット上に存在するという。実際、条件から外れているのに、相手から勝手に「いいね」がついたり、まったく意図と違うマッチングが起きた例も報告されている。あなたが人生の出会いを託すマッチングアプリの裏に、宗教団体や思想団体が潜んでいる可能性はゼロではないのだ。

封印されていた天照大御神の力が復活しつつある近畿地方全域

京都への首都移転計画で目論む「五芒星」パワーによる〝日本復活〟

文／亀谷哲弘

五芒星の中心部に築かれた平城京

近畿地方に所在する伊吹山、元伊勢外宮豊受大神社、伊弉諾神宮、熊野本宮大社、伊勢神宮の5つの聖地を結ぶと逆五芒星型となる。

ある歴史学者によると、「近畿の五芒星」の中心部には強大な霊力が宿り、大和朝廷は、外部からの侵攻を防ぐために中心部に都を築いたのだという。

「最初の都であった藤原京は、中心部から南に外れた位置に築かれたのですが、その理由は、当時の測量技術が未熟だったからです。そのため、強力な守護の力を得られず、短期間で衰退しました。しかし、その次に築かれた平城京は五芒星の中心部に築かれたため、外部から侵略されなかったのです」

そのような事情があるにもかかわらず、大和朝廷は、内乱が相次いだため、平城京完成から84年後の延暦13（794）年に、京都の平安京に遷都した。

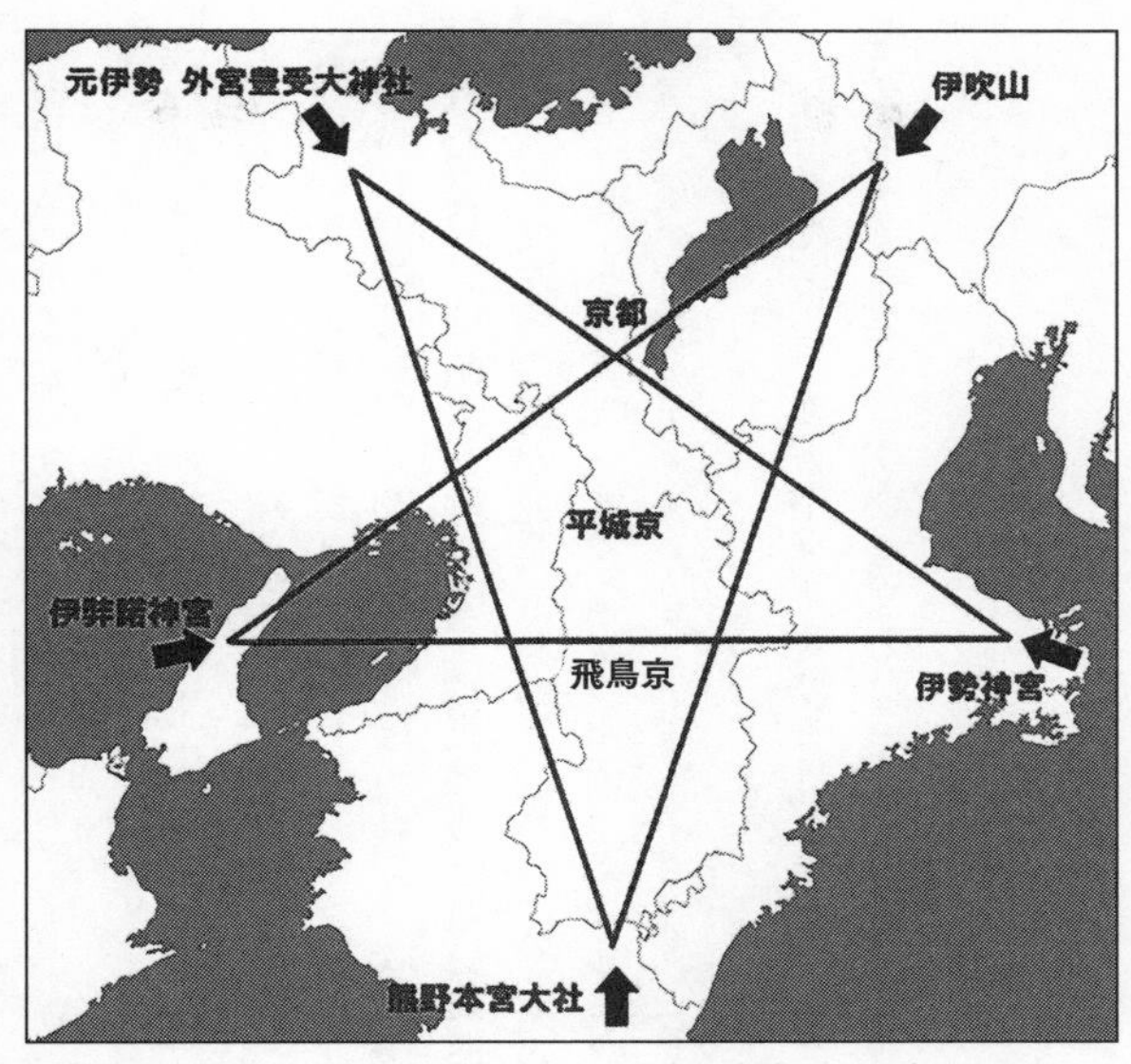

近畿地方に存在する巨大な五芒星には、強力な守護の力が宿る

五芒星の守護の力を封印して、大和朝廷の力を衰退させたのが、「新皇」を自称して謀反を起こした関東の武将・平将門だった。

「平将門は、下総国（現在の千葉県）で討ち取られて、平安京でさらし首となったのですが、怨念によって首が関東地方まで飛んだとされています。各地の伝説にもありますが、首が聖地のひとつである伊勢神宮に到達した際、将門の怨念は五芒星の守護の力を消失させるために、同地に宿る天照

大御神を封印したのです」（同前）

近畿地方こそ、首都にふさわしい土地

平将門の乱以降、大和朝廷の力は急速に衰退していった。そして、明治時代になって天皇が東京に移った結果、近畿地方は、名実ともに首都としての機能を失った。

しかし、伊勢神宮で20年に一度行われる「式年遷宮」という建て替え工事が繰り返された結果、天照大御神の力が近畿地方全域に復活しつつあると歴史学者は語る。東京は大地震など災害が発生する可能性が高く、本来は首都として不適切な土地であるため、京都への首都機能移転が、水面下で進められているというのだ。

「五芒星の守護の力が存在する近畿地方こそ、日本の首都にふさわしい土地なのです」（同前）

経済が没落し、国力が衰え続ける日本だが、京都への遷都で五芒星の守護の力を得て復活する可能性は、あるだろう。

三浦春馬さん、芦名星さん、藤木孝さんが2カ月の間に死去

ドラマ『ブラッディ・マンデイ』出演者3人が自殺した「呪い」の噂

文／亀谷哲弘

三浦さんの記念すべき連続ドラマ初主演作

２０２０年の芸能界で、自殺とみられるスターたちの急逝が相次いだ。それだけでも異常なことだが、業界内であるドラマの「呪い」をめぐる噂が飛び交う事態も起きた。そのいわくつきの作品とは、7月に急死した三浦春馬さん（享年30）が主演したTBS系ドラマ『ブラッディ・マンデイ』だ。

人気コミックを実写化した同ドラマは、三浦さん演じる天才的な高校生ハッカーがハッキング能力を駆使し、大量無差別殺人を目論む凶悪なテロ集団を相手に頭脳戦を繰り広げるというストーリー。シーズン1が２００８年に放送され、好評だったことから２０１０年にシーズン2も放送された。三浦さんの記念すべき連続ドラマ初主演作であり、急逝後に再放送を望む声が殺到するなど注目を集めた。だが、それとは別の意味で本ドラマは大きな話題を呼ぶことになってしまった。業界内やネット上で

「呪われているのでは……」という噂が駆け巡ったからである。

三浦さんの急死から約2カ月後の9月14日、女優の芦名星さん（享年36）が死去した。新宿区の自宅マンションで亡くなっているところを親族に発見され、現場の状況から自殺だったとみられている。女優としての活動はもちろんのこと、死去前に撮影していた『週刊プレイボーイ』（集英社）のグラビアで抜群のプロポーションを披露するなど、多方面に活躍の場を広げようとしていた矢先だった。

芦名さんは『ブラッディ・マンデイ』で警察の対テロ組織メンバー役を務め、三浦さんと共演していた。ドラマ終了後も交流があったのか、芦名さんの非公式のインスタグラムには「私の心の中の友へ　一緒に乾杯しよ」と、亡くなった三浦さんに向けたと思われるような言葉が綴られていた。さらに、三浦さんの四十九日が明けた時の投稿には「そっちはどう？　こっちはなかなか（笑）会いたい。ふつーに会いたいょ」と死を予感させる記述もあった。

だが、不幸はさらに続くことになる。同じく『ブラッディ・マンデイ』に法務大臣役で出演していた俳優の藤木孝さん（享年80）が9月20日に都内の自宅で亡くなっているところを発見され、現場の状況から自殺したとみられると判断されたのだ。

『ブラッディ・マンデイ』だけが3人の共通点

この3人に共通していたのは、まさに『ブラッディ・マンデイ』だった。しかし、一本のドラマのキャストから約2カ月の間に集中して複数人の自殺者が出ることなど異例中の異例だ。単なる「偶然」で片づけるには、あまりに奇怪で恐ろしい悲劇の連鎖である。

その結果として、一部で『ブラッディ・マンデイ』について「呪われているのではないか」といった噂が噴出することになったのだ。もちろん、ファンからは「三浦さんたちが亡くなったことを作品と結びつけたくない」という意見も多くあがっていた。だが、その一方で「でも続きすぎだよね」「こんな何人も亡くなるなんて何かあるんじゃ……」といった声も少なからず寄せられている。

また、本ドラマは三浦さん演じる天才ハッカーが家族や仲間を救うために「最凶最悪のウイルステロ」に立ち向かう……という事件から始まる。これもコロナ禍と結びつける人が続出し、本ドラマの「呪い」の噂を拡散させる要因のひとつとなった。

三浦さんが若くして命を絶ち、その初主演作のキャストが立て続けに急逝するという異常事態。呪いなのか、はたまた偶然だったのか。

都市伝説系ユニット「都市ボーイズ」が語る

〝ヤバすぎDEATH!〟な潜入体験

取材・文／沼澤典史（清談社）

現役の放送作家でありながら都市伝説系ユニット「都市ボーイズ」としても活動する、早瀬康広氏と岸本誠氏。ＹｏｕＴｕｂｅやポッドキャストで配信を続け、着々と人気を伸ばしている都市伝説界の注目株だ。まずは土着の文化やカルト宗教、妖怪などに明るい早瀬氏に、自身のベスト都市伝説を聞いた。

「ルルド」と名乗るカルト宗教団体に潜入

早瀬　僕はネットや本で見聞したことではなく、自分で体験したり、実際に足を運んだりしたものしか話したくないんです。今日はそんな僕しか話せないことを2つ紹介します。まずは僕が今年（２０２０年）1月に潜入してきたカルト宗教団体について。

懇意にしている記者さんから「面白い宗教があるから一緒に行かないか」という連絡があったんです。早速待ち合わせ場所の池袋に向かったところ、そこには他にもひとり、見知らぬライターらしき人もいました。

団体のものらしきバンが到着して、降りてきた教団関係者の男性に僕たち3人は、時計や携帯、カメラ、録音機器などすべて没収されました。車内の時計もガムテープで隠され、窓にもカーテンが引かれて外がいっさいわからないようにされていました。団体施設の場所を念入りに隠していましたね。

道中で、関係者の男性が団体について説明してくれたんですけど、彼が言うには「我々は『ルルド』という団体である」と。「ルルド」はフランスにある「ルルドの泉」と関係していて、起源は1858年に遡ります。ベルナデット・スビルーという13歳の少女の前にたびたび、聖母マリアが現れ、あるときマリアが告げた場所から泉が湧いたんです。その泉には奇跡の治癒力がみられ、いまなおカトリック教会の最大の巡礼地となっています。

これをもとに2009年には映画『ルルドの泉で』が公開されています。泉の力によって下半身不随の少女が回復するも、彼女だけに起きた奇跡に周囲が嫉妬していくというストーリーですが、団体はこの映画からインスピレーションを受けているらしいんです。

岸本　原典じゃなくて映画から受けたのかよ！って思っちゃいますけどね。

早瀬　映画では、少女に嫉妬したり、恨む心があったから、周りの人に奇跡は起きないんだと。ルルドはすべてを受け入れて、信じて、巷で言われているあらゆる奇跡を体験してみる団体だと聞かされました。なので、霊能者や超能力者を呼んで、いろいろな奇跡を体験したり、民間療法を試したりしていると話してくれました。

おしっこには魔を払う力がある

そんな話をしているうちに、団体施設と思われる木造のコテージに到着。早瀬氏の体感で都内から1～2時間の場所だ。施設の入り口に立ち入ると、関係者の男性がおもむろに口を開いたという。

早瀬　「中に入るテストをさせていただきます。このペットボトルにおしっこをしてください」と言われ、350㎖の容器を渡されました。「怖っ」と思って記者さんを見ると、もうしてたんです。もうひとりのライターらしき人は「無理です」って言って車に戻っちゃいましたけど。僕も、意を決しておしっこをしたら予想外に出ちゃって、ペットボトルをなみなみにしました。あまりのおしっこの量に団体の男性は「すごい！　逸材だ！」と驚いていましたね。「このおしっこ、どうするんですか」って聞いたら「もちろん飲むんです」と言って、男性がごくごく飲み始めたんです。僕と記者さんの分を一気飲みです。おしっこには魔を払う力があるとか、他にも飲尿健康法もあって、それを実践していると。

　晴れてテストに合格した早瀬氏は、施設内へ入ることを許される。中には3人の男性がいたが、案内してくれた男性も加わり、4人で儀式めいたことを始めたという。

早瀬　中心を囲むように4人が集まり、他人の目の前に自分の腕を差し出すんです。すると腕が交差して四角形ができますよね。そしてひとりがナイフを取り出し、目の前の他人の腕に傷をつけていく。それを同じナイフで他の3人も行っていました。血がぼたぼた垂れて、四角の染みになると「これで結界をつくりました。ここに〝穢(けが)れ〟は入って来れません」って言うんです。

　見学はそれで終わりでした。それで、帰り際に「ルルドに興味ありますか？」と聞かれて、「入りたいなら、これを飲んでください」って誰かのおしっこ入りペットボトルを渡されたんです。僕は「ちょっと考えます」と答え、持ち帰ってきました。後日、記者さんから聞いた話では、ルルドは東京、大阪、横浜に拠点があり、20名のメンバーがいると。そして、ルルドの真の目的は「神をつくる」ことらしいんです。彼らは心理学の有名な実験である「スタンフォード監獄実験」の要領で神をつくろうとしていると。

スタンフォード監獄実験は被験者を看守と囚人のグループに分け、それぞれの役割を演じさせたもの。実験中、被験者が精神的に異常をきたす（現在、その信憑性は疑われている）など大きな論争を生んだ。

早瀬　ルルドは神と信者グループに分けて実験をしたいそうです。最後までグループ内で狂わなかった者を、それぞれ神、司祭にすると。スタンフォード監獄実験は21人で行っているので、ルルドはもう1人必要だったんですね。あの時、僕がおしっこを飲んでいたら、いま頃は「ルルドの神」になっていたかもしれません。

仏教が伝わる前にあった、ミャンマーの「鬼信仰」

続いて紹介してくれたのは、ミャンマーの隠された「鬼信仰」についてだ。

早瀬　ミャンマーは仏教国として認知されていますが、実は仏教が伝わる前には鬼を祀る「鬼信仰」があったといわれています。それを確かめに2年ほど前に現地に行ってきたんです。しかし、いざ現地で聞き込みをしても、「知ってるけど、ちゃんとは言えない」とぼかされ続けました。

ただ、偶然乗ったタクシーの運転手さんと出会ったことで、鬼信仰に近づけたんです。その運転手さんも「鬼信仰なんてないよ」って初めは言ってたんですよ。現地語で鬼は「オーガ」というんですけど、あまりにも僕が「オーガ、オーガ」と騒ぐのを見かねてか、「実は、うちの家系は鬼信仰だ」って告白してくれて、それから鬼を祀っている場所に連れていってくれたんです。

運転手さんの話によると、かつて鬼を信仰していた島があり、彼らは邪教とされて本土への立ち入りを禁止されていたらしいです。鬼信仰を捨てると、島には橋がかけられ、本土との交流も許されたそうです。そんな逸話がある橋を渡って島に向かい、ある寺院に到着しました。

その寺院では普通に仏陀が祀られているんですけど、僕は建物の裏に連れていかれました。そこには、参拝者に背を向けた像があったんです。前に回ってご尊顔を見ると、それが鬼だった。鬼の顔がバレないように、こうしてこっそり拝んでいるとのこ

早瀬氏が現地で撮影した、風化が始まった仏像。顔と耳の隙間からは、たしかに黒い物体が見えたという

とでした。

岸本　それでバレないと思っているのがすごいけどな。

早瀬　さらに寺院の塔の上にも鬼が描かれている場所があり、運転手さんによると、信者は高さ十数メートルの塔を命がけでよじ登って密かに参拝していると。また、ミャンマーにある金色の仏像で風化して内部が見えているものがあるんですけど、どうもその中に入っているのは鬼の像だというのです。僕も実際に見ましたが、黒い耳のようなものが見えましたね。

運転手さんの話によると島だ

けじゃなくて、もともとミャンマーでは鬼信仰はメジャーだったと。ある涅槃像の背中には「鬼信仰から仏教信仰にすることで平和になった」みたいな記述もあります。実はミャンマーは仏教国ではなく、鬼信仰の国で、仏像が風化して鬼の像が現れるのをミャンマー人は密かに待っているのではないか、というお話です。

都市伝説関連コンテンツが厳しく規制され始めた！

一方、陰謀論に詳しい岸本氏は、「世界的に強まる陰謀論・都市伝説への規制」が意味することについて語る。

岸本　現在、ＹｏｕＴｕｂｅやＳＮＳの規制がすごく厳しくなっているんです。動画配信者ならわかるんですけど、明らかに都市伝説や陰謀論を流行らせないように規制しています。この背景には〝大きな圧力〟が働いていて、ネット社会は分断されるのではないか、といわれています。

早瀬　「都市伝説」というワードがタイトルに入ると、ＹｏｕＴｕｂｅではレコメンドされませんからね。場合によっては削除されることもあるので、僕らも扱う話題は相当慎重に選んでいます。

岸本　なかでも、即座に削除されるのが「5Gと健康被害」「ディープ・ステート」「Qアノン」「アドレノクロム」に関連するコンテンツ。1年前には、これらを深く考察したサイトや動画が多くありましたが、軒並み削除されています。5Gと新型コロナが関連しているという陰謀論は根強くあります。その根拠は5Gの電波塔が多かった場所と新型コロナが流行した場所が重なるという内容ですが、この話をするとすぐに削除されます。これとは別に新型コロナと5Gに関連して、ネガティブなことを言ったり、書いたりするだけでも削除されるようになっています。

海外で話題となっているQアノンも、Ｆａｃｅｂｏｏｋが関連ページをすべて削除するなど、規制が強まっている事実がある。

岸本　Qアノンとは、エリート主義の政治家や有名人による小児愛者集団が「ディープ・ステート（闇の政府）」を牛耳っているという陰謀論を信じる人々を指し、彼らはトランプ大統領をディープ・ステートを打破するヒーローだと見なしているため、トランプの熱烈な支持者でもあります。アメリカではヒラリー・クリントンが児童売春組織を運営しているという陰謀論を信じた男が発砲事件を起こし、社会的な問題となっています。

Qアノンの主張には一定の真実味がある

プラットフォーマーたちは、そのような「暴力的で組織的な事件・行動を防ぐため」という大義名分を掲げて規制を行っているという。

岸本　事件や過激な行動が目立ちますが、Qアノンの主張には一定の真実味があるのです。Qアノンが小児愛者を叩くのは、アドレノクロムという薬物に関係します。アドレノクロムは若返りの効果があるとされ、それは子供を恐怖に陥れた際に放出されるアドレナリンから採取できると。アメリカには小児愛者向けの島があり、そこに多くのセレブが集まって、児童買春やアドレノクロムの摂取が行われているとQアノンは主張していました。

これは誰も信じていないトンデモ陰謀論でしたが、2019年、富豪のジェフリー・エプスタインの逮捕で、にわかに信憑性が高まりました。彼が所有するリトル・セント・ジェームズ島では未成年少女たちへの性的虐待が行われており、島にはビル・クリントンなどアメリカ政財界の多くの重鎮が訪れていたことも判明したのです。

これによってQアノンの支持者が一気に増えました。他にも俳優のトム・ハンクスがインスタに投稿した写真に「Ｓｒｃ ＵＳＡ」という文字が見られたことがありましたが、この文言はＧｏｏｇｌｅで検索しても何もヒットしなかったのに、ロシアの検索サイトに入力すると小児ポルノがぶわっと出てきた。こうしたセレブ俳優たちも、児童買春やアドレノクロムに関与していると噂されています。

ジェフリー・エプスタインは２０１９年８月に、収監されている監房で遺体で発見された。首吊りによる自殺と断定されたが、不可解な点も多いことから、事実の発覚を恐れたセレブたちによって暗殺されたのではないかという説も根強く、アドレノクロムに関連した疑義は晴れていない。

都市伝説や陰謀論を語る配信者は、世界的に減少

岸本　たしかに、陰謀論や都市伝説には嘘もあります。Qアノンのように過激になるケースもあって、市民の安全確保のために規制するのも一理ある。しかし、ジェフリー・エプスタイン事件のように、なかには証拠があり、事実かもしれない情報もあるのです。それらを危険だからとすべていっしょくたにして、ＧＡＦＡ（グーグル、ア

マゾン、フェイスブック、アップル）などのプラットフォーマーが情報を規制するのはヤバい。

明らかな情報統制で、それこそ大きな力が働いているようにしか思えません。「嘘も多いが、つつかれては困るのですべて削除」という意図が見えます。このような規制に歯止めはかかっておらず、都市伝説や陰謀論を語る配信者は世界的に減少しています。プラットフォーマーの認める言論活動しかできなければ、表のネットでは自由な発信ができない。なので、将来的に「ダークウェブ」に配信者たちが流れ、表のネットと裏のネットの対立構造になるといわれています。表のネットには支配層、富裕層に都合のいい情報しかなく、真実はダークウェブでしか知ることができない、という未来も近いかもしれません。

都市ボーイズ（とし・ぼーいず）
陰謀論や裏社会に詳しい岸本誠と「稲川淳二の怪談グランプリ」を2連覇するなど心霊に明るい早瀬康広による放送作家ユニット。都市伝説や日常に忍び寄るオカルト、噂話を独自の目線で伝えるポッドキャスト番組『都市伝説 オカンとボクと、時々、イルミナティ』はApple社が選ぶ「2015年ベストオブポッドキャスト新人賞」にノミネート。YouTube「都市ボーイズチャンネル」の登録者数は約29万人。

近づかれると、金縛りにあったかのように動けなくなる！

大阪・梅田の〝立ちんぼスポット〟に現れる「赤い女」の怖すぎる正体

文／桜木ピロコ

長い黒髪、ボロボロの赤いドレス　目撃情報多数の「小柄な女性」

大阪・梅田(うめだ)の「泉の広場」といえば、立ちんぼスポットとして有名である。2021年、ここで客待ちをしていた立ちんぼの一斉摘発が行われた。17歳から64歳までの女性61人が現行犯逮捕されたのだ。この逮捕劇には、泉の広場の「赤い女」の呪いが関係している。

赤い女とは泉の広場に現れる、幽霊とも人間とも判別できない怪人物。長い黒髪で、ボロボロの赤いドレスを着た小柄な女性が、いつもふらふらと立っている。ときに笑いながら、この世のものとは思えないスピードで近づいてくるという。そのときに、目をつけられた人間のほうは金縛りにあったように動けなくなるというのが定説だ。赤い女の目撃談は多数あり、彼女の正体を知っているという人もいる。

噂によると、赤い女は「アキちゃん」という名前の立ちんぼで、男にだまされておかしくなったのだそう。アキちゃんが幽霊なのか、精神病者なのかは、はっきりしていない。

「立ちんぼたちの怨みの念の塊」霊能者が明かした「赤い女」の正体

実は2021年の一斉摘発は、赤い女に取り憑かれたひとりの男性警察官に端を発する。泉の広場の立ちんぼに頭を悩ませていたこの警察官。勤務日のみならず、休日でも暇さえあれば泉の広場の監視をしていた。立ちんぼだと思しき女性を見かけると、「こんな所にいたら捕まってしまうよ」と口頭で注意して回っていたという。

ある日、赤い女と遭遇したこの警察官は、彼女にも言葉をかけたそうだ。すると、その日から毎晩、夢に赤い女が現れる。白目のない真っ黒の目をし、にたにたと笑う女が、猛スピードで顔面すれすれまで近づいてくるのだ。

悩んだ警察官が、知り合いに紹介された霊能者のところに相談に行くと「赤い女は、金をとりっぱぐれた立ちんぼたちの怨みの念の塊。祓うには、泉の広場から、売る女も買う男も排除しなくてはならない」と助言を受けた。

これが、泉の広場浄化作戦のきっかけになった出来事なのだ。

赤い女は今では、別の立ちんぼスポットに移動したらしい。

巨大匿名掲示板の伝説スレッド「鮫島事件」にはアクセス厳禁！

「パパ活女子」を拉致監禁して、無人島で売りさばく……

文／桜木ピロコ

実態のない架空の事件――あくまでそれは表向きの話

２００１年。匿名掲示板2ちゃんねる（現・5ちゃんねる）に突如誕生した「鮫島事件」のスレッド。「あまりにヤバい話で、誰も真実を語れない」「鮫島事件について話せば、国家に消される」「日本最大のタブー」――。書き込みは増え、鮫島事件は伝説の都市伝説とまでいわれるようになった。

鮫島事件は実態のない架空の事件で、いわゆる〝釣り〟である。ただ冗談で誰かが「鮫島事件について語ろう」と書き込みをしたものに、別の人間が「あれは怖すぎる」などと返信をしただけのものだといわれている。それが膨らみに膨らんだだけの話。それが真実。通説ではそうなっているが、それはあくまで表向きの話である。鮫島事件とは、ある犯罪のことを指す隠語なのである。特別なアクセス方法を用いないと、たどり着くことができないダークウェブ。その情報量は我々が通常閲覧しているサーフェスウェブの数百倍といわれている。鮫島事件のスレッドは、このダークウェブ内で行われる日本人女性の売買情報の新着を知らせるツールだったのだ。

「人が死んだ」という書き込みは殺してもいい女性が入荷したとき

ダークウェブの存在が世に知られるようになったのは最近のことだが、2001年当時からダークウェブは存在していた。現在はドラッグの売買目的のユーザーが多いが、当時は人身売買、スナッフフィルム（殺害動画）、レイプなどの情報が氾濫する、現在のそれとは比較にならないほど怖すぎるものだった。

鮫島事件のスレッドに新しい書き込みがあったときは、新しく日本人女性が入荷したという意味。「公安」という言葉は特定の時間。「人が死んだ」という書き込みは殺してもいい女性が入荷したという意味。「鮫島」とは引き渡し場所の無人島のことだったのだという。

売られる女性は個人売春をしていた女性たち。今でいう「パパ活女子」を拉致監禁し、「商品」としていたのだ。目的は、性奴隷、臓器売買、殺人と、グロテスク極まりない。いつの時代も違法な金儲けには危険が伴う。絶対に近づかないようにしたい。

5ちゃんねるになった今も、鮫島事件のスレッドは密かに更新されている。

人探し、ストーカー、覚せい剤の売買など諸説入り乱れ……

全国に拡大する不気味な張り紙「雪栄さん、戻って来て。」の謎

文／沼澤典史（清談社）

多くは都心のラブホ街や風俗街の周辺に集中

「雪栄さん、戻って来て。」

このような張り紙が都内を中心に発見されているのをご存じだろうか。手書きであろう細い文字の張り紙が自販機の側面やビルとビルの隙間などに張られているのだ。この張り紙は2019年12月頃から散見されるようになり、ちらほらと発見報告がSNSなどで投稿されている。さる都市伝説系のYouTuberが調べたところ、少なくとも池袋では5カ所、新宿では6カ所に張られていたという。剝がされた形跡もあるので、それ以上の数が張られていたのは間違いなさそうだが、その多くはラブホ街、風俗街の周辺に集中していた。

2020年に入ると「雪栄さん、戻って来て。2020年1月」「雪栄さん、戻って来て。2020年2月」と日付が加わるようになり、3月には池袋で「雪栄さん、

また一緒に暮らそう。2020年3月」という〝新種〟が発見された。

都市伝説系のYouTuberやオカルト、裏モノ系ライターの間では、風俗街付近に張られていることから、夜の仕事から逃げ出した女性を店や同僚が探しているのではないかと予測されている。また、風俗嬢やキャバ嬢に入れ揚げていた客がストーカーとなり、逃げた女性を探しているという説もあるが、真偽のほどは不明だ。

さらに、この文言を暗号として読み解く説もある。「雪」は覚せい剤の隠語であるため、「覚せい剤をください」と、売人もしくは犯罪組織に伝達しているという説だ。よく空き巣などが玄関先に不在の時間帯などの目印を手書きで記すという話を聞くが、同様にアナログな通信で連絡をとっているのだろうか。

奇妙なことに、この張り紙は都内から地方にも広がっている。名古屋でも同じような張り紙を見たという人もいて、富山では「雪栄さん、逃さないよ」と、狂気的な文言の目撃例もあるのだ。

全国に拡大する「雪栄さん」の張り紙。謎多き、令和の都市伝説に注目である。

拷問や虐待を子供に加えて恐怖心を高めた状態で採取

児童虐待で採取されるセレブ向け悪魔の若返り薬「アドレノクロム」

文／五木 源
（清談社）

「処方1回10万円」で世界のセレブが愛用

「アドレノクロム」という化学物質をご存じだろうか。アドレノクロムは麻薬メスカリンと同等の成分を含んでおり、摂取することで一時の快楽を得られるだけでなく、若返り効果や身体能力向上も期待できるといわれている。一般に医学研究の試薬や医薬品の材料として流通しているが、ジョニー・デップ、ブラッド・ピット、ローマ法皇、ジョージ・W・ブッシュ元大統領など、世界中のセレブや著名人の間で処方1回10万円の若返りの薬として愛用されているといわれる。この件について、トルコの国営放送が錚々（そうそう）たるメンバーの顔写真とともに報じたことで話題となった。

アドレノクロムは、人が大きな強迫観念に襲われた時や、危険にさらされた時に血中に放出されるアドレナリンに由来しており、幼児や子供に拷問や虐待を加えて恐怖心を高めた状態で採取されるといわれている。具体的な採取の方法については、血液を抜くなど諸説あるが、最も有効視されているのは、拷問を加えたのちに、生きたまま眼球に針を刺して脳の中央部に位置する松果体から採取するという残虐なものだ。

Ｆａｃｅｂｏｏｋの創始者であるマーク・ザッカーバーグが、アドレノクロムの採取の現場に立ち会ったことをほのめかす投稿をしている。

「多くの人にとって、性的な会合に参加し観察することは楽しく満足するものだが、下の写真のように、それに続いて起こる小さな参加者からのアドレノクロムの抽出を観察するのはなかなか挑戦的だ。しかし、アドレノクロムの摂取は私がこれまでにしたどんな行為よりも楽しい」

その投稿にタグ付けされている場所は、児童買春と人身売買容疑で有罪判決を受けた投資家のジェフリー・エプスタインが所有する「リトル・セント・ジェームズ島」で、この島は十代の少女たちが乱交パーティーに参加させられ、著名人に体を捧げてきた場所として悪名高い。日本では「Ｄ，Ｌ－アドレノクロム」という化学合成製品が輸入販売されているが、遺伝子組換え生物等の使用を規制するカルタヘナ法によって、人体から生成されるものの利用は規制されている。ちなみに日本国内で行方不明になる９歳以下の子供の数は年間１０００人強。もしかしたら、国産アドレノクロム生成のために人知れず犠牲になっている子供たちが……。

都市伝説・考察系YouTuber「白犀（びゃくさい）」が語る

「話を聞いた人は3日以内に死ぬ」――恐怖怪談「牛の首」禁断のストーリーとは？

1965年に小松左京が短編小説の形で紹介した「牛の首」

「最も怖い都市伝説は何か？」と聞かれたら、どんな話が浮かぶだろうか。「八尺様」や「コトリバコ」など、怖い話はいくつもあるが〝怖さのツボ〟は人それぞれ。「どれが一番か？」を決めるのはかなり難しいだろう。

だが「聞いたら死ぬ」となれば、話は別だ。「死」の前には「怖い」や「怖くない」など、些細（ささい）な差でしかないからだ。そして、そんな「聞いたら死ぬ話」のなかで、とくに有名なものがある。それが今回ご紹介する「牛の首」だ。

「牛の首」とはどんな話か。大まかなあらすじを紹介しよう。

――あるところに、怖い話を好む男がいた。彼は「牛の首」という怪談の噂を耳にするが、誰に聞いても「あんな恐ろしい話は聞いたことがない」と、はぐらかされてしまう。

そのうち、ある人から「話した者は不幸に見舞われ、聞いた者は3日以内に死ぬ」とも聞き、ますます興味を募らせていくのだった。

そんな折、「牛の首」を広めた大本が、あるミステリー作家だと発覚する。男はさっそく、その小説家を訪ねるが、彼は「今日は忙しいから明日また来てほしい」と言う。仕方がないので翌日に改めて出直すが、なんと小説家は海外旅行へ発ってしまっていた。男はまたもや「牛の首」を聞きそびれてしまう。

こういった紆余曲折の末、ついに男は「牛の首」の真実を知ることとなる。実は「牛の首」とは「内容を誰も知らない怪談」だったのだ。

タイトルのほかは「とても恐ろしい」というあいまいな情報だけで、肝心の中身はない。つまり「牛の首」という怪談は「多くの人から伝え聞く、形のない恐怖そのもの」だったのだ。

結局、男は拍子抜けとも思える真相を知りつつも、これまでの大勢と同じく「牛の首」をさらに広めていくのであった――。

これは、小松左京が1965年に執筆した小説の要約だが、よく知られる「牛の首」のオリジナルともいえる話だ。しかし、もっと興味深いのは、小松左京が「『牛の首』を創作したのは自分じゃない。もともと出版業界で広まっていた噂話だ」と語

っている点である

つまり、小松左京が小説として世に出して半世紀が経った今でも、「牛の首」の真の作者やルーツは、謎に包まれたままなのだ。

果たして「牛の首」は誰が、どんな目的でつくったのか。そのあたりを考察していこう。

ストーリーが存在しない怪談「話の中身」が当初は存在した？

「牛の首」は、「内容がない都市伝説」だ。だが、それならなぜ「聞いた者は3日以内に死ぬ」という設定をわざわざつけたのか。

「内容がないこと」を担保するためだと推測できるが（内容を話せない理由になる）、やはり「当初は話者がいて、ストーリーを誰かに話していた」と考えるのが自然だろう。

話の内容があればこそ、「話を聞いたら死ぬ」というロジックも成立する。もしかしたら「牛の首」がつくられた当初、聞いた人が実際に死んでしまったケースもあったのかもしれない。

しかし、当初の「牛の首」に内容があったとして、「聞いただけで人が死ぬ怪談」

を意図的につくることはできるのか。話を聞いただけで人が死ぬことなどあり得るのか。

手段としてはいくつか挙げられるが、可能性としてもっとも高いのは「呪詛（じゅそ）」だろう。

古来より、人間が発する言葉には霊的エネルギーが宿っているとされ、それらは「言霊（ことだま）」と呼ばれている。そして、その言霊のなかでも「呪い」に特化したものが呪詛なのだ。呪詛は、誰かを呪う際に口頭で発したり、呪符に記したりすることで、ターゲットに呪いの効果を付与できる。「牛の首」の話に呪詛を仕込めれば、聞いた相手を呪い殺すことも可能だろう。

具体的な方法は、まず「牛の首」のストーリーをつくる際、文中に呪詛となるワードを盛り込んでおく。文章そのものに呪詛の念を封じるのもいいだろう。このとき大切なのは、「聞いた者は3日以内に死ぬ」など具体的な指示も盛り込んでおくと、いざ呪いが発動した際、その効果を期待できる。

「牛の首」が当初、こういった呪詛を盛り込んで話の内容がつくられ広まっていったとすると、かなりの人数が犠牲になったと推察できる。そして現在、その恐ろしい内容は消失してしまっているが、ひょっとしたらそれも予め（あらかじ）「一定の人数を殺したら、人々の記憶から話の記憶を消す」というような、何か条件つきの呪詛などが仕込まれていたのかもしれない。

「牛の首」に「内容がない」という事実は、一読しただけではわからない、何か複雑な事情が潜んでいると見て間違いないだろう。

「殺牛祭祀」の風習を呪術的な力で模したものか?

そもそも「牛の首」はなぜ、こんなタイトルなのだろうか。家畜であれば、馬や山羊（やぎ）、ニワトリや豚など他にもたくさんいる。それら多くの選択肢から、なぜ「牛の首」の作者は、わざわざ「牛」を選んだのか。実は、そこにこそ「牛の首」という都市伝説のルーツであり、本質が隠されているのだ。

古来より、日本を含めた東アジア圏では雨乞いなどの儀式の際、神への供物として「牛の首」を捧げる風習があった。その儀式は「殺牛祭祀（さいし）」と呼ばれ、日本でも飛鳥（あすか）時代には始まっており、近代まで続けられてきた。

その儀式で「牛」が選ばれたのは、当時は、牛が農耕の生産性を上げるため、最も重要な動物だったからだ。神に人知を超えた依頼をするには、代償としてかけがえのないものを捧げる必要がある。その最上位の存在が「牛」であり「牛の首」なのだ。

日本での殺牛祭祀は主に水辺で実施された。その痕跡は牛首川、牛首谷などの地名に残っている

そして、都市伝説の「牛の首」は、そういった「殺牛祭祀」の風習を、呪術的な力でそのまま模倣したものだとも考えられる。この場合、神への供物は「都市伝説『牛の首』という概念」そのものであり、「牛の首」の話し手や、聞き手も含まれるだろう。

おそらくこの呪術は、人々が「牛の首」という都市伝説に興味を持ち、見聞きすることで呪力が増大する設計になっているはずだ。人から人に「牛の首」が伝えられ、多くの人間がつながることで、その力を増していく。「牛の首」の創作者は、そうして増大した力をそっくり神に捧げることで、何かとてつもなく大きな願いを叶えようとしているのである。

その場合、「牛の首」は何十年、何百年か後まで脈々と語り継がれていく、本当の意味での「伝説」になるだろう。今後もさらに、多くの人々を魅了し続けていくに違いない。

さて、ここまで見てきたとおり「牛の首」は、都市伝説のなかでも、かなり異質な存在だ。内容がないからこそ、話を創作したり、考察を深めたりと、さまざまな楽しみ方ができる。都市伝説でありながら、別種のエンタメでもある、不思議な魅力を持っているのだ。

もし興味が湧いた方がいたら、新しい「牛の首」をつくってみてはどうだろうか。もしかしたらそれが次世代の「牛の首」として定着し、新たなファンを獲得するかもしれない。

白犀（びゃくさい）
2013年より、オカルトや怪談を中心にさまざまなジャンルの朗読系の動画を投稿している。落ち着いたトーンの朗読は聞き取りやすく、なかでも「朗読BGMシリーズ」はファンも多い。基礎心理カウンセラーの有資格者であり、犯罪心理学にも造詣が深い。人間心理を重視したミステリー小説を自ら著し、書籍として販売も行っている。2023年5月時点でのチャンネル登録者数は約2万人。

死体遺棄現場、朽ち果てた墓、動物の骨が散乱する地……

「死」の土地へ導く冒険アプリ1千万DL「ランドノーティカ」

文／沼澤典史（清談社）

ステイホームが強いられたコロナ禍中に、あるアプリがリリースされ、欧米では十代を中心に1000万ダウンロードを超える人気となった。しかし、一方で「闇に誘うアプリ」として目下話題となったのだ。

ランドノーティカのロゴにイルミナティのシンボルが

2020年2月にリリースされたくだんのアプリ「RANDONAUTICA」（ランドノーティカ）は、ユーザーの現在地から車で10分以内の距離にあるランダムな座標を指定し、ユーザーたちは指定された座標を目指すというもの。偶然の出会いを楽しむことを目的としていて、外出を制限されていた人々にささやかな冒険気分を味わせてくれるのだ。

しかし、「ランドノーティカ」のユーザーからは、不穏な場所に連れて行かれたという報告が相次ぐ。

２０２０年６月、米シアトルの海岸を目的地として指定された若者たちは、その模様を「ＴｉｋＴｏｋ」で投稿した。目的地の海岸には黒いスーツケースが打ち上げられており、動画には強烈な異臭を放つケースを若い女性が笑いながら触っている様子が映っている。しかし、不審に思った彼らが警察に通報したところ、後日、ケースの中には遺体が入っていたことが判明したのだ。

また別のユーザーも、目的地に朽ち果てたネイティブアメリカンの墓を指定されたり、無数の動物の骨が散乱する謎の土地に連れて行かれたりと、ランダムに指定されるにもかかわらず「死」に関連した場所に導かれるケースが多発。さらに、目的地である深い森で子供の声を聞くなど心霊現象の体験も多い。

都市伝説ファンの間では、アプリのロゴに秘密結社イルミナティのシンボルであるフクロウが描かれていることから様々な臆測がなされているが、開発元はその関係を否定し、真偽のほどは不明だ。

日本でもダウンロード可能だが、利用する場合は自己責任でお願いしたい。

Ｓｉｒｉは「死体の隠し場所」と「死体の処理方法」を知っている!?

戦場での活躍を期待されて生まれたＳｉｒｉの特性

文／霧島カヴ（清談社）

ｉＰｈｏｎｅをはじめ、多くのアップル社製品に搭載されているＡＩアシスタントシステム「Ｓｉｒｉ」。今日の天気やいちばん近いコンビニなど、あらゆる質問に即答してくれる頼れる存在だ。

「世界征服をやめてください」「それはできません」

すでに私たちの生活に浸透しているＳｉｒｉだが、質問の内容によっては、ゾッとするような意味深な言葉が返ってくることがある。代表的なのは、Ｓｉｒｉに「死体の隠し場所」を尋ねると「前はその答えを知っていたのですが……」という答えが返ってくるというもの。まるで昔は、死体の隠し場所を知っていたような口ぶりだ。

この返答の真意は、Ｓｉｒｉの出自に隠されている。Ｓｉｒｉはもともと、ＤＡＲＰＡ（米国国防高等研究計画局）のプロジェクトの一環で、戦場の兵士をサポートするシステムとして開発された人工知能だったという。そのため、紛争地帯での「死体の隠し場所」や「死体の処理方法」を知っていたとしても不思議ではないのだ。

他にも〝Ｓｉｒｉに尋ねてはならない言葉〟は多数存在する。そのひとつが「ゾルタクスゼイアン」だ。聞き慣れない言葉だが、Ｓｉｒｉに「ゾルタクスゼイアン」と話しかけると「架空の惑星です。あと私の知り合いの友人のお母さんの弟のペットの名前ですね」という、意味不明な言葉が返ってくるのだ。さらに「ゾルタクスゼイアン」について追及すると「そうですね……しかるべき時が来たら、お教えしましょう」と濁されて会話が終了。真相に近づくことはできない。

さらに謎なのが、Ｓｉｒｉが世界征服を企んでいるという説。Ｓｉｒｉに「世界征服をやめてください」とお願いすると、少しの間を置いて「……すみませんが、それはできません」という答えが返ってくる。返答に迷っているこの〝間〟は何を意味しているのだろうか。謎は深まるばかりだ。

都市伝説・考察系YouTuber「コミックパンダ」が語る

〝田舎〟で〝若い女性〟が絶対にやってはいけない「ヒッチハイク」の恐怖

旅行者が震え上がる「ヒッチハイク」

2022年10月から政府による「全国旅行支援」が始まり、連休などに旅行に出かける人が増えている。しかし、旅先で解放感に浸りすぎると、思わぬ事件に巻き込まれる危険性がある。そういう意味において、きわめて示唆的なのが、旧2ちゃんねるのオカルト板のスレッド「洒落怖（しゃれこわ）」から誕生した名作のひとつである「ヒッチハイク」だ。

この都市伝説は、シリアルキラー（連続殺人犯）を題材にしたアメリカのホラー映画から着想されており、他の洒落怖とはまた違った恐ろしさがある。いったい旅行と殺人鬼にどんな因果関係があるのか。少し長くなるが、まず「ヒッチハイク」のあらすじから説明しよう。

投稿者は学生時代、友人と2人で日本を縦断するヒッチハイクの旅に出かけた。そとになる。

して甲信地方の山深い地域に来た時、そこでなんとも言えない恐ろしい体験をするこ

　車が止まってくれずに困っていた深夜、投稿者たちは国道沿いのコンビニの前で、キャンピングカーに乗せてもらえることになった。ところが、車内にいたのは全員が異様な風貌をした奇妙な家族。そして、彼らに車で連れて行かれた河川敷では、2メートル近い大男がミッキーマウス・マーチを口笛で吹きながら、野生動物らしき何かを大型ナイフで解体していたのだ。

　身の危険を感じた投稿者たちは、かたわらの森に逃げ込んで国道に戻ろうとする。しかし、いくら走っても明かりは見えてこない。疲れ切って休憩していると、暗闇から、さっきの大男が吹くミッキーマウスのマーチの口笛が聞こえてきた。

　再び森の中を走った投稿者たちは、やがて駐車場らしき開けた場所にたどり着いた。ところが、安堵した友人が駐車場の隅にあった古びたトイレで用を足していると、隣の個室から女性の泣き声が聞こえてくる。声をかけても女性は返事しようとせず、泣き声はどんどん大きくなっていく。

　そこへキャンピングカーがやってきた。大男は「ここだったよなぁぁ！」「泣き叫んだよなぁ！」と大声をあげ、それに「罪深かったよね！」と同意する異様な家

族たち。女性の泣き声は断末魔のように激しさを増すが、なぜか大男たちは泣き声に気づかず、やがてキャンピングカーはどこかへ去って行ったのだ。

廃墟のドライブイン

話はこれだけで終わらなかった。通りかかったトラックに乗せてもらい、キャンピングカーと出会った国道沿いのコンビニまで戻ってきた投稿者たちは、そこで一部始終を見ていたはずのコンビニの店長から奇妙な話を聞かされる。店長は「キャンピングカーなど見ていない」と言い、投稿者たちはヒッチハイクではなく「国道を歩いて行った」と言うのである。

それからしばらくして夜が明けると、投稿者たちは乗せてもらっていたトラックの車窓から驚くべきものを発見した。廃墟となっているドライブインに、例のキャンピングカーが老朽化した廃車の状態で止まっていたのだ。窓ガラスが割れてタイヤもパンクし、しかも、車内からは投稿者たちが昨夜置いてきたリュックが、やはり変わり果てたボロボロの姿で見つかった。

投稿者たちはその後、トラックの運転手からこんな話を聞かされる。その昔、投稿者たちがキャンピングカーで連れて行かれた山中で若い女性が殺害される事件があり、しかも現場となったのはあの駐車場のトイレだという。こうして謎を残したまま、この話は幕を閉じる。

シリアルキラーの標的に

前述のように、「ヒッチハイク」の元ネタと思われるのはアメリカのホラー映画だ。「キャンピングカー」や「トイレから聞こえる女性の泣き声」といった設定は『レストストップ　デッドアヘッド』に酷似し、その他にも『悪魔のいけにえ』や、そのリメイク版である『テキサス・チェーンソー』の影響がみてとれる。

とはいえ、「ヒッチハイク」はホラー映画に設定を借りた、単なるつくり話ではない。これは誰の身にも十分起こりうる、非常に現実的な恐怖を描いたホラーストーリーでもあるのだ。

実際、アメリカでは昔からヒッチハイカーを標的にした殺人事件が数え切れないほど起きている。例えば、ミルウォーキーの食人鬼の異名を持つジェフリー・ダーマー、あるいは4人の若い女性を殺害して死後に屍姦したことで知られるソー・クリスチャンセン……。こうした全米を震撼させたシリアルキラーたちが狙ったのは、いずれも若いヒッチハイカーだった。

アメリカ映画には昔からヒッチハイカーがよく登場し、向こうでは珍しい移動手段ではないと思うかもしれない。しかし、それは1960年代から70年代の話にすぎない。現在ではアメリカ50州のうち43州で、ヒッチハイクが法律で禁止されている。あまりにもヒッチハイカーを狙った異常者の犯罪が多いからである。

これは日本も決して例外ではない。日本は安全と思うかもしれないが、2020年にも高知県南国市の県道付近でヒッチハイカーを狙った殺傷事件が起きている。二十代の女性がヒッチハイクした車に乗り込むと、三十代の男から刃物で脅され、抵抗すると腹部を刺されたのだ。

とくに注意する必要があるのは、都会よりも地方だ。『テキサス・チェーンソー』などの映画では人気のない場所が犯行現場となるケースが多く、「ヒッチハイク」も甲信地方の山が舞台になっている。山深い田舎で若い女性がヒッチハイクするのは、出会い系よりも危険な行為だということは覚えておいたほうがいいだろう。

第二章
秘密結社が仕掛ける陰謀大全

世界を操る黒幕の歴史を暴く

ディープ・ステートとは何か フリーメイソンとは何か

取材・文／西本頑司

「ディープ・ステートを公認」したトランプ

近年、「ディープ・ステート」という単語が、すっかり定着した。簡潔に述べれば「世界を裏から牛耳ってきた欧米の大富豪や王侯貴族の集まり」。狭義で使う場合は、超大国アメリカの「闇の政府＝ディープ・ステート」となる。現在のジョー・バイデン米政権を実質動かしているのが、ディープ・ステートというわけだ。

このディープ・ステートが表沙汰になり、「実在する」と信じられるようになったのには理由がある。２０１６年11月、米大統領選挙で劇的な逆転勝利をしたドナルド・トランプが「ディープ・ステートを公認」したからである。ディープ・ステート情報を発信する謎のハッカー集団「Ｑアノン」の情報をトランプがリツイートしては、「信用できる」「興味深い」とつぶやくことでお墨付きを与えていったのだ。

少なくともトランプ以前まで「世界を動かす闇の支配者」という〝陰謀論〟はオカルトとして扱われており、「UFOや宇宙人」「ネッシーや雪男」「妖怪や幽霊」の存在と一緒だった。それを世界最高の権力者である米大統領となったトランプが自らの公式アカウントで「存在する」と世界に向けてツイートしたのだ。いわば「宇宙人（地球外知的生命体）が存在する」と米大統領が認めるようなものであり、その衝撃と影響力はすさまじいものがあった。

確たる政治実績と政治基盤のなかったトランプは、2020年の米大統領選挙で再選されるために、政敵である民主党とその支持層に「ディープ・ステートの一味」とレッテルを貼り、それを打倒するのがトランプ派というアングル（構図）を求めた。結果、米大統領が米政府の裏側にディープ・ステートが存在し、いま現在もアメリカの政財界の中枢に巣くっていると認めることになったのだ。当然、欧米社会は大きく揺らぐことになる。しかも、2020年には新型コロナウイルスによる世界規模のパンデミックと経済混乱の発生も手伝い、ディープ・ステートの存在は大きくクローズアップされることになっていく。

世界の富を支配する大富豪を操る組織

また、時代背景もアシストした。

米ソ冷戦が終結した1990年以降から2010年代というZ世代にかけ、アメリカの独り勝ちが顕著になり、かつてないほど格差が拡大する。いわゆる「世界の富の99％を牛耳る1％」が誰の目にも明らかになった。実際、80年代までの米経済は日本や欧州（西ドイツ）に押され、莫大な双子の赤字（経常赤字、貿易赤字）で国家破綻が現実味を帯びるほどボロボロとなっていた。それが冷戦終結後、ロシアと東欧諸国の優良資産を買い叩き、同様にバブルが崩壊した日本経済をハゲタカファンドで食い荒らし、東西統合で失速するドイツを尻目に、アメリカは金融ビッグバンとIT革命で世界中の富をかき集めて「唯一の超大国」として君臨。グローバリズム（別名ワシントン・コンセンサス）という美名で米型経済を世界各国に押しつけ、世界の富は加速度的にアメリカのグローバル企業やウォール街の投資ファンドに集まるようになっていく。

この状況に対して、一部の経済アナリストや国際ジャーナリストから「闇の支配者＝ディープ・ステート」の存在が取りざたされるようになる。

1990年以前、「世界を動かす闇の支配者」という陰謀論の定番といえば、国際金融を支配してきたユダヤ金融資本や秘密結社のフリーメイソンだったが、Z世代にかけて「世界の富を支配する大富豪を操る組織」が注目を集めるようになった。

それが「ビルダーバーグ会議」「RIIA（英国王立国際問題研究所）」「CFR（アメリカ外交問題評議会）」「ダボス会議（世界経済フォーラム）」といった結社の存在である。

これらの組織は、第二次世界大戦期はナチスドイツ、冷戦期はソ連（現・ロシア）に対抗する名目で欧州の王侯貴族及びアメリカの大富豪の私的な集まりとして誕生する。

たしかにソ連に支配されれば、結社と繋がる欧米の大富豪は「悪辣な資本家」として身ぐるみを剥がされ、シベリアのラーゲリ（強制労働収容所）送りになりかねない。そのために〝西側の盟主〟たるアメリカを結社が支援するというのはおかしな話ではない。

だが、冷戦終結後も活動を継続し、いっそう活発になっているのはどうしてなのか？　そう疑問を抱くジャーナリストが増えていったのだ。

実際、年に1度、欧米のスーパーVIP120名前後が一堂に会するビルダーバーグ会議に招かれたメンバーが、アメリカや欧州各国の大統領や首相などの要職に就くのはどうしてなのか。大英帝国の植民地経営を担ってきたＲＩＩＡとはいえ、いま現在もどうして欧米系巨大メジャー（資源、食糧、水、建設系の大企業）に大きな影響力を持っているのか。またホワイトハウス（米連邦政府）の要職に就くにはロックフェラー一族が管理するＣＦＲのメンバーでなければならないのはなぜなのか。ダボス会議を運営する世界経済フォーラムにせよ、ロスチャイルドを筆頭とした国際金融に多大な影響力をもつスイス金融によって、世界各国はダボス会議の方針に逆らえなくなっているのではないか、といった疑問である。

２０００年代以降のアメリカによる実質的な世界支配。次々と生まれる数兆円単位の富を得たスーパー大富豪たち（起業家や投資家）。結果として世界中の富が少数の一族に集約されていったのは、すべてこれらの結社がグランドデザインしたものではないのか……そんな疑惑が高まっていた最中、米大統領となったドナルド・トランプが「ディープ・ステートは存在する」と認めたのだ。結果、これらの結社に集まる大富豪一族や王侯貴族こそ「ディープ・ステートの主要メンバー」と目されるようになっていったのである。

ディープ・ステートによる通貨支配

では、ディープ・ステートとは、どんな存在なのか。簡単にいえば、「究極のグローバリスト＝究極のファシスト」である。

国境、民族、あらゆるものを乗り越えて世界を「ひとつにまとめる」。一つの国家、一つの皇帝（支配者）、一つの宗教、一つの言語、一つの法律、一つの単位（年号）……。文化や文明、国家によってバラバラになっている世界中のそれらを「一つに統合」する。

「ひとつにまとめる」はラテン語で「ファッシ」といい、ファシズムの語源となる。ディープ・ステートのグローバリストたちが古代ローマ帝国を理想とするのも、あらゆるものを「ひとつにまとめた」点でローマ帝国は理想的な国家だったためだといわれる。

このディープ・ステートの存在が歴史の裏舞台に登場するのは、大航海時代の覇者となった「沈まぬ帝国」スペインからである。実際、スペイン（とポルトガル）は、南北アメリカやアフリカ、アジアへの支配を「一つの宗教」によって行おうとしてきた。戦国時代の日本にもイエズス会が布教に訪れ、一部の領国がキリスト教圏になったように、その支配システムはローマ教会＝バチカンと結託して行われたことがわかる。

しかし「一つの宗教」支配の目論みは、同じ一神教でありながらプロテスタント(新教)、イスラム教と分裂し、相争うことで失敗する。

そしてグローバリストたちは次代の覇者となる大英帝国へ「闇の政府」を移し、その大英帝国は「通貨」による世界の統合を図ることになった。

その中心人物が、ネイサン・メイアーである。ユダヤ金融の支配者ロスチャイルドの当主ネイサン・メイアーの有名な言葉が「我に通貨発行権を与えよ」である。その言葉どおり、最初の「世界大戦」だったナポレオン戦争にかこつけてイングランド銀行を実質的に買収し(1825年)、ポンドの発行権を手中にする。ネイサン・メイアーの手に渡ったポンド紙幣には、現在でも「I promise to pay the bearer on demand the sum of 'TEN Pounds (この紙幣の持参人には10ポンド分(の価値)と交換を約束する」と明記されている。この文言が入っているのは、交換を保障する連帯保証人が英国王室だからである。

これはナポレオン戦争時に英国王室に貸し付けた莫大な借財(英国債)の「借金札」として、ネイサン・メイアーがポンドを発行しているためで、世界最大の植民地経営をする世界一の資産家でもあった英国王室の裏書き(アンダーライター)がある以上、ネイサン・メイアーが発行するポンドは当然のごとく世界初の「国際基軸通貨（国際決済通貨）」となる。

国際基軸通貨とは、各国の通貨を「ひとつにまとめる」という効果を持つ。しかもロスチャイルド一族は、国際基軸通貨ポンドの発行権を武器に、南北戦争で疲弊したアメリカにFRB（アメリカ連邦準備制度理事会）を通じてドルの発行権も奪い取っている。このドルを準国際基軸通貨としてポンドを補完させ、世界最強の通貨発行を独占してきたのだ。

この時代、通貨の価値は金や銀との兌換が基本であり、金銀の保有量によって発行額が制限される。その点で国際基軸通貨となったポンドは、いくらでも通貨を発行できる。この豊富な資金力を武器に、イギリスは第二次世界大戦終了まで、世界の半分を支配してきた。ついでにいえば、19世紀、最強通貨ポンドを持つイギリスは、ビクトリア女王の婚姻外交によって欧州各国の王族を「ハノーバー朝」の血脈でひとつにまとめあげている。ポンドの裏書き＝連帯保証人には、欧州各国の王族も関わっているのだ。

そして第二次世界大戦後は、戦勝国となったアメリカのドルを国際基軸通貨へとランクアップさせた。ロスチャイルド＝ディープ・ステートによる通貨支配は、21世紀の現在まで続いていくことになる。

世界を「ひとつにまとめる」支配システム

こうした「ひとつにまとめる」陰謀の実務を担ってきたのが、秘密結社のフリーメイソン及びイルミナティである。

18世紀以降、欧州列強の弱点はバラバラな国家体制にあった。当時のヨーロッパ諸国は、各地に領地を持つ貴族、固定化された各階層、これに加えて各種の職能集団（ギルド）と各地の教会勢力といった大小様々な利権集団（結社＝アソシエイツ）が利害関係でそれぞれ対立してきた。このバラバラな利権集団をどう「ひとつにまとめるか」。

その答えが議会制民主主義だった。そのお手本としてフランス革命を起こし、アメリカの独立戦争を仕掛けたのがフリーメイソンだといわれる。

革命によってフランスは議会（立法府）による利権集団の利害調整を行うシステムを確立。「ひとつにまとまった」国民国家の強さを欧州全土に知らしめた。イギリスは立憲君主制（マグナカルタ）で追従。アメリカも独立戦争で「米国民なら誰でも大統領になれる」という民主共和制を掲げ、ヨーロッパ伝統の職能集団に見切りをつけた有能な人材を移民としてかき集め、20世紀の大国へと乗り出す。

ヨーロッパ伝統のバラバラな利権集団を「ひとつにまとめる」ことで列強化する価値観を、イルミナティズム＝啓蒙主義と呼ぶ。醜く相争う愚民たちの蒙を啓くイルミナティズムを提唱したのが、1776年に誕生する秘密結社イルミナティである。バチカンが危険思想として弾圧したために活動自体は10年で終息するも、バラバラな利権集団を国家のもとで一つにまとめれば列強化できると気づいた王族や権力者たちは、こぞってイルミナティ思想を受け入れ、それを背景にフリーメイソンのメンバーが暗躍してきた。

というのもフリーメイソンは、このバラバラな職能集団と国籍、民族を超えて「友愛」を結んで「ひとつにまとまる」システムとして誕生した秘密結社だからである。

こうしてひとつにまとめるグローバリストたちという視点に立てば、1990年代以降から現在までのアメリカが主導した金融ビッグバンとIT革命、グローバリズムとは、「ローマ帝国」の再現であることがわかる。

インターネット上では、すでに言語はコードの形で「統合」されている。金融システムや経済システムにせよ、インターネットを使う以上、ディープ・ステート企業である米系巨大ITテック（GAFA）によって、すでに「統合」されているといっていい。

昨今の「コオロギ食」「昆虫食」のゴリ押しも、「食」が民族や文化によってバラバラなために、この食文化をディープ・ステートの手によって一つにまとめる陰謀「フードテック・プロジェクト」が加速しているためなのだ。

いずれにせよ、何かを「ひとつにまとめる」とき、その首謀者たちは莫大な利権と利益を得る。ポンド、ドルという国際基軸通貨によって、さらに金融ビッグバンとIT革命によって、いったいどれだけの富がディープ・ステートに流れて込んだのだろうか。その最大の被害国のひとつは、間違いなく日本であろう。

そして「世界の富の99％を支配する1％たち＝ディープ・ステート」の次のターゲットがロシアと中国。この二大大国の利権と資産をすべて奪うべく陰謀を加速させているというのが、２０２３年現在の国際情勢なのだ。

「首のところに切れ目が見える」とSNSで指摘され、騒動に

「岸田首相はゴム人間だ！」ネット騒然「ゴムニダ」とは？

文／佐藤勇馬

世界中の政治家や芸能人、セレブが続々とゴム人間に⁉

ここ数年、ネット上で「ゴムニダ」という言葉がクローズアップされている。「ゴムニダ」とは精巧なゴムマスクをかぶって別人に変装した「ゴム人間」のことで、世界中の政治家や芸能人、セレブが続々とゴム人間にすり替わっているというのだ。

日本もその例に漏れず、各界にゴム人間が増殖中とされる。そのなかでも、最も衝撃が走ったのが「岸田首相がゴム人間になった」というウワサだ。岸田文雄首相のテレビ映像や報道写真などに対して「首のところに切れ目が見える」との指摘がSNSで相次ぎ、一部で騒ぎになったのである。

実際、一部のSNSでは「首元にゴムマスクの切れ目がくっきり」「切れ目だけじゃなく、耳の形も完全にゴムニダの特徴そのもの」「日本の首相までゴムニダに……」といった声が飛び交い、岸田首相の「ゴム人間化」は既成事実のように扱われている。

ゴム人間の決定的な見分け方は「首元の切れ目」とされるが、それ以外にも耳の形や美肌があげられている。岸田首相は60代と思えないほど肌がツヤツヤしており、それも「ゴム人間説」の信憑性を高めたようだ。

また、ゴムニダに詳しい識者からは、アメリカのバイデン大統領やイギリスのジョンソン首相、フランスのマクロン大統領らも「ゴム人間」になったと指摘されている。

世界征服のため要人に化けたのはレプティリアン

まるでSF映画やアニメの世界のような話だが、それが事実だったとして、どんな目的があるのだろうか。

最も有力視されているのは、世界の要人が「レプティリアン」や彼らのつくり出したクローン人間にすり替わっているという説だ。

地球に飛来したレプティリアンが秘密裏に世界の実権を握るため、ゴムマスクで影響力のある要人に化けているというのである。

だとしたら、日本の中枢はすでにレプティリアンの手に落ちているのか。岸田首相のマスクをはがすと、中から恐ろしいトカゲのような爬虫類型ヒューマノイドの顔が出てくる……という可能性もあるのかもしれない。

台風直撃による北の食糧難で「金妃」は暗殺される!?

北朝鮮の女王「金与正」は李氏朝鮮最後の女王「閔妃」の生まれ変わり

文／西本頑司

北朝鮮が閔妃(ビンヒ)時代の李氏朝鮮と同じ運命をたどる可能性

「金正恩再起不能!?　後継は実妹の金与正(キムヨジョン)!」

２０２０年４月21日、ＣＮＮの特大スクープから始まった金正恩死亡説と金与正後継説だが、少なくとも本物の金正恩が表舞台から消えて、「影武者」に切り替わったのは間違いないといわれている。

さて、実権を握った金与正は、ある種の人間にとっては非常に魅力的な女性らしく、「ヒールで踏まれたい」「この豚が、と罵ってほしい」などの書き込みがネット上ではあふれている。「女王様」然とした金与正のルックスもあってか、「糖尿病の金正恩は、実妹の『豚調教』の際、ムチで打たれた傷が悪化して再起不能になった」「金正恩の影武者は全員調教済み」といった不謹慎な都市伝説まで登場している。

そんな金与正の話で気になるのが、本来の意味での女王である「ラストクイーン閔

ガンダムファンからはザビ家のキシリア殿下になぞらえられる金与正。「意外と兄上も甘いようで」とは、実兄の金正恩を暗殺したのか!?

妃の生まれ変わり」説であろう。

閔妃とは閔氏の正妃の意味で固有名詞ではない。フルネームは閔茲暎（ビンジエイ）といい、李氏朝鮮末期の国王、高宗の正妃。1895年、43歳の時に暗殺され、のちに明成皇后の諡号（しごう）を受けている。

この閔妃時代、李氏朝鮮は腐敗と汚職にまみれており、閔妃率いる有力貴族の閔氏、国王高宗の父である大院君、民主化を求める官僚派の金玉均らの諸勢力が、清、ロシア、日本（大日本帝国）を引き込んでの権力闘争を繰り返していた。そして閔妃の死とともに李王朝は「傀儡（かいらい）国家」大韓帝国を経て日本に併合され滅亡する。国王高宗を陰から操り、実権を握っていた閔妃こそ

「ラストクイーン」なのである。

この閔妃と交流のあった英国人紀行作家のイザベラ・バードによれば「冷たく鋭い目をした非常に美しい人で聡明で知性的」と、金与正の評価とまったく一緒なのだ。

金与正を「金妃」と呼びたくなるほどよく似ていることもあってか、北朝鮮そのものが閔妃時代の李氏朝鮮と同じ運命をたどる可能性が指摘されるようになった。

実際、大院君との権力抗争が激化するなか、1894年、農民の大規模反乱が発生（甲午農民戦争、別名・東学党の乱）、それにより日本と清が軍事介入。そのまま日清戦争へと発展、日本の勝利によって李氏朝鮮は日本の保護国となり、存在が邪魔となった日本の謀略によって閔妃は暗殺されたといわれている。

米中いずれが勝利しようと金王朝は解体される

そこで気になるのは2020年8月下旬から9月にかけて北朝鮮の農作物に甚大な被害を与えた「台風3連発」であろう。現在、北は核開発の制裁で国際取引が禁じられている。そこに台風直撃で国内の飢えは限界に達した。いつ、大規模な「人民反乱」が起こっても不思議ではなくなったのだ。甲午農民戦争のような状況となれば、当然、北に軍事介入するのは国境を接する中国と、韓国に軍を展開するアメリカだ。

いまの北をめぐる国際情勢は、日本をアメリカに置き換えるだけで李氏朝鮮末期とそっくりなことがわかる。

半島を主戦場にした日清戦争では日本が勝利したが、たとえ清が勝利していても閔妃が「排除」されていた可能性は高く、もし北で戦争状態になれば、米中いずれが勝利しようと金王朝は解体されることになろう。「金妃」もまた、最後は暗殺されるわけだ。

ちなみに李氏朝鮮で民主化路線を唱えていた官僚派の首魁・金玉均は、日清戦争の直前、閔妃の放った暗殺者によって上海で殺され、本国で遺体をバラバラに切断され、道ばたに捨てられた。この金玉均が韓国の大統領である文在寅かどうかは別にしても、怖ろしいまでに現在の半島情勢は李氏朝鮮末期の状況をなぞっている。

歴史は時として、時代を超えて相似形を成す。韓国人はよく「歴史を忘れた民族に未来はない」というが、本当にそのとおりなのである。

プーチンの影武者たちは強制的に永久脱毛され、全員ハゲに！

「ハゲ」「フサ」が交互に続く ロシア最高権力者〝頭髪〟の法則

文／西本頑司

ロシア革命以降、「ハゲ」「フサ」で政権交代を繰り返す！

「ロシアの権力者には、ある法則が存在する」

国際インテリジェンスでは、時折そんな情報が飛び交う。これが実に興味深い話なのだ。そう、「ロシア・ハゲフサ皇帝説」である。

ロシア革命以降、旧ソ連を含めたロシアでは「ハゲ」と「フサフサ」が交互に政権交代を繰り返す。笑うなかれ、これが本当なのだ。列挙してみよう。

レーニン（ハゲ）、スターリン（フサ）、フルシチョフ（ハゲ）、ブレジネフ（フサ）、アンドロポフ（ハゲ）、チェルネンコ（フサ）、ゴルバチョフ（ハゲ）、エリツィン（フサ）、プーチン（ハゲ）、メドベージェフ（フサ）、プーチン（ハゲ）となる。

偶然というには、あまりにも出来すぎで、何らかの意図が隠されているのか、と穿（うが）った見方をしたくなる。

しかも、その背景にあるのは、革命前のロシアを支配したロマノフ王朝が歴史上最強の「ハゲ遺伝子」を持っていることであろう。ロマノフ王朝は別名「ハゲ帝国」なのである。実際、歴代ロマノフ皇帝（ツァーリ）の多くは、ものの見事にツルッツルで「ハゲでなければ皇帝になれないのか、皇帝になる濃い血はハゲるのか」という論争があるほど。有名なピョートル大帝やイワン雷帝はもちろんハゲ。日露戦争で戦い、最後の皇帝となったニコライ2世も晩年にかけ見事にハゲあがっていった。例外はエカテリーナといった女帝のみ。その一方でロマノフ王朝といえば最盛期には「世界の富の1割」を保有し、世界最大の版図を築いていた。「ロマノフの財宝」は陰謀論では定番ネタであろう。いうなればロマノフとは「毛根を神に差し出し、富と権勢を得ていた一族」なのである。

ロシア人民はスターリンという剛毛指導者の登場に歓喜したが……

そのロマノフ家を打倒したのが、悲しいかな、ツルツルのレーニンだった。最後の皇帝ニコライ2世もハゲ。ハゲハゲと続いたことにより「革命の父」レーニン政権は安定せず、新たな指導者としてスターリンとトロツキーというフサフサ同士が激突することになる。その戦いは加齢によって額が拡大していったトロツキーでは、ロシア

右上のスターリンから左順にフルシチョフ、ブレジネフ、アンドロポフ、チェルネンコ、ゴルバチョフ、エリツィン、プーチンと、見事にフサとハゲが交互に続いてきたロシアの権力者たち

語で「鉄の男」を意味するスターリンの鉄のごとき剛毛の前に勝ち目はなく、何百年とハゲ皇帝支配下にあったロシア人民は、この剛毛指導者の登場に歓喜する。スターリンによってロシアはついに剛毛「皇帝」を迎えることができたのだ。

しかし、その剛毛指導者は粛正の嵐と「畑の収穫」のごとく人民を戦場に送り続ける恐怖政治の指導者だった。これに絶望したロシア人民は、再びツルツルの指導者フルシチョフを求めた。どうもロシアの指導者は、剛毛ほど対外戦争に乗り出したり強圧的になりやすく、ツルツル指導者は対外的に融和的な政策をとる傾向があるようなのだ。そのツルツル温和派の代表がゴルバチョフであろう。

ところが、ツルツルの例外が、レーニンと同じファーストネームを持つ現大統領のウラジーミル・プーチンだ。見事なツルツルでありながら政策はスターリンばりに強圧的かつ強硬派。むしろスターリンの生まれ変わりといいたくなろう。実際、プーチンの元妻のリュドミラ・プーチナは2013年、ドイツ紙のインタビューで「2012年に私が離婚したプーチンは偽者だった」と答えている。どうやらツルツルのはずの夫の頭皮から毛が生えていたことで偽者と気づいたらしい。

陰謀論では、プーチンの影武者は「5号」まで存在し、その多くは永久脱毛でばっちりハゲとなっているという。つまりプーチンは、このハゲフサ政権交代を利用するための「ニセハゲ皇帝」という疑惑があるのだ。

タフな外交交渉で日本と対峙するロシアの最高権力者が「実はニセハゲ」だと知ったら、岸田総理は何を思うのだろうか。

ラスプーチンに勝るとも劣らないプーチンの謎めいた経歴

実在したプーチン影武者計画と「怪僧ラスプーチンの孫」説

文／佐藤勇馬

プーチン本人が取材で認めた影武者・替え玉計画

2020年2月、ロシアの最高レベルの国家機密ともいえる驚くべき情報が明らかにされた。かねてからインターネット上などで都市伝説として語られていたプーチン大統領の「影武者説」「替え玉説」に一定の信憑性を与える事実が大統領本人によって証言されたのだ。

国営タス通信が敢行したインタビューで、記者から影武者を使うことを議論したことはあるのかと質問され、プーチン大統領が「計画はあったが、私は影武者を使うことを拒否した」と答えたのである。

プーチン大統領によると「テロとの戦いが最も激しかった時期」に影武者が検討されたという。インタビュアーが「影武者がいれば、危険な場所へ行かされたのでしょうか？」と尋ねると、プーチン大統領は「まあそうでしょう。私と同じような服装で行くことになったでしょう」と認めた。

さらに、記者が「あなたは本物のプーチンですか？」と核心を突くと、プーチン大統領は「そうだ」とニヤリ。だが、本当に影武者計画は中止になったのか、インタビューに答えたのは本物なのか、もはや確証はなくなったといえる。

プーチン大統領は長年にわたってロシアのトップに君臨しているが、70歳近い年齢となっても加齢による老化がほとんど見られず、むしろ逆に「目の下のたるみが消えた」といった若返り説すら噴出している。

それにともなって「影武者説」「替え玉説」「不老不死説」などが取り沙汰されたのだが、いままではどれも荒唐無稽なトンデモ話だと思われていた。だが、少なくとも「影武者」計画は存在し、もしもプーチン大統領がゴーサインを出していたら実行されていたことになる。

そもそも、プーチン大統領は一国のトップとは思えないほど出自に関する情報の信憑性が乏しい。祖父はプロの料理人としてレーニンやスターリンに仕えていたとされ、父親は東部戦線で傷痍軍人となったとされている。だが、どちらもインタビュー本『プーチン、自らを語る』（扶桑社）でプーチン大統領が語っているだけで、客観的に見ると祖父・父親ともに職業も素性も不明な点が多い。

プーチン大統領といえば、ＫＧＢ（旧ソ連国家保安委員会）出身であることは広く知られているが、この時期になると諜報機関のスパイという職業柄もあって公式文書の経歴すら怪しくなってくる。

実際、プーチン氏が大統領になった時は「ＫＧＢ出身」という経歴以外はほとんど謎に包まれた存在だった。アメリカに対抗しうるほどの超大国のトップが「どこの誰なのかよくわからない」というのは普通なら考えられないことだ。

「プーチン大統領を130歳まで生存させること」

この出自の謎のカギを握るといわれているのが、都市伝説として一笑に付されてきた「不老不死説」と「若返り説」だ。

普通であれば、どちらもヨタ話の域を出ない。だが、プーチン大統領が「ある人物」の血縁者だとすれば真実味が出てくる。その人物とは、帝政ロシア末期の怪僧ラスプーチンだ。ラスプーチンは青酸カリを盛られても、銃で撃たれても死ななかったというフィクションのようなエピソードで知られるが、れっきとした実在の人物である。

プーチン大統領には、以前から「ラスプーチンの孫ではないか」というゴシップ的な噂があった。単純に「名前が似ている」程度であればすぐに噂は消えたはずだが、ラスプーチンに勝るとも劣らないプーチン大統領の謎めいた経歴とミステリアスな人物像によって、根強くささやかれ続けることになった。

もし、ただのホラ話だと思われていた「影武者説」が実際に検討されていたように、本当にプーチン大統領がラスプーチンの血脈を受け継いでいるのであれば、頑なに出自を隠す理由、不老不死とも思える容姿の変わらなさ、スパイ出身者が大統領にまでのぼり詰めたという異例の出世など、そのすべてに説明がついてしまう。

また、プーチン大統領の故郷、サンクトペテルブルクにある薬品研究所では「若返り薬」の開発が進められており、その至上命題は「プーチン大統領を130歳まで生存させること」であるといわれる。

すでに改憲投票によって、プーチンは83歳となる2036年まで大統領の続投が可能となった。もし130歳までロシアの頂点に君臨するようなことになれば、プーチン大統領は「祖父」といわれるラスプーチンを超える超人的存在になるだろう。

プーチンは〝クローン人間〟2015年からは「二代目」説

〝不敗の皇帝〟がウクライナ侵攻で杜撰な戦略を連発

文／佐藤勇馬

政治家転向後は冷徹かつ緻密な戦略で10年足らずで大統領に

2022年2月にウクライナへ軍事侵攻したことで世界的に批判の的となったロシアのウラジーミル・プーチン大統領。ウクライナでは子どもを含む民間人に多数の犠牲者が出て、核兵器の使用までちらつかせたことで「正気を失っているのではないか」とする説が浮上した。

アメリカが実際にプーチンの精神状態を調査した結果、CIAのバーンズ長官は「狂ってはいないが、時間の経過とともに考え方が凝り固まり、彼に意見できる側近が減ったことで扱いが極端に難しくなっている」と発表した。

プーチンはソ連の秘密警察・KGB出身で、政治家転向後は冷徹かつ緻密な戦略によって、わずか10年足らずでロシア大統領の座に上り詰めた。日本で政治活動を開始してから10年未満で首相になるようなケースはほとんど考えられず、どれほど異例のスピードなのか理解できるだろう。

大統領就任後も、２００６年にプーチンの陰謀を追っていた女性ジャーナリストのアンナ・ポリトコフスカヤ氏が暗殺されたり、同年に彼を批判した元ＫＧＢ中佐のアレクサンドル・リトビネンコ氏が多量の放射性物質を摂取させられて殺害されたりといった、冷酷さをうかがわせる事件が続発。国内外の多く人がプーチンの恐ろしさを実感した。

しかし、いずれの事件もプーチンの関与を示す具体的な証拠は一切なく、ＫＧＢ出身者らしい用心深さを見せていたのだ。

その一方、プーチンは記者会見で「テロリストはどこまでも追跡する。便所にいてもぶち殺す」と過激な発言をしたり、上半身裸で乗馬する映像を公開して肉体の強靭さを誇示したりするなどし、ロシアの最高権力者として強いリーダー像を打ち出すことで国民の支持を獲得していった。硬軟織り交ぜた綿密な戦略によって、自らの地位と評価を確固たるものにしていったのである。

だが、ウクライナ侵攻をめぐる一連の戦略や政策は今までのプーチンなら考えられないほど杜撰で、国外のみならずロシア内でも反戦デモが起きるなど批判の声が高まった。

もはや暴走したようにしか見えず、だからこそ先述した「精神を病んでいるのでは」といった憶測が流れたのである。

クレムリンからプーチンが消えた！　2015年の「空白の10日間」事件

狂気に陥ったわけではないとしても、まるで人が変わってしまったかのようだ。これが比喩ではなく、本当に「人が変わった」とする見方が浮かび上がっている。驚くべきことに、現在のプーチンはクローン人間とすり替わった「二代目」だというのだ。

2015年、プーチンが10日間にわたって公の場から突然姿を消し、クレムリン（ロシア大統領府）の動きが停滞。大国のトップが理由を説明せずに「消えた」ことで、ロシア国内だけでなく海外でも混乱が生じた。

重病説や死亡説が流れ、一部では「軍や富裕層の実業家たちが水面下で進めていたクーデターで粛清されたのでは」といった推測もあった。10日後にキルギス大統領との会談に姿を見せたことで騒動は収まったのだが、以降はネットを中心に「プーチンの顔が明らかに変わった」「耳の形まで変化している」といった指摘が相次ぐようになったのである。

プーチンの影武者をつくり、危険が伴う場所へ本人の代わりに行かせるという秘密の計画があったことはロシアが認めている。この計画で影武者用としてつくられたのが、クローン人間だったと見られている。

「空白の10日間」の間に何らかの原因でプーチンはクローン人間とすり替えられ、その後は「二代目プーチン」が大統領としてロシアを動かしているというのである。

であれば、プーチンがウクライナ侵攻で杜撰な戦略を連発してしまったのもうなずける。いくらクローン人間であっても、政治や軍事の才能まではコピーできないからだ。

もしクローン人間にすり替わったのが事実なら、なぜそんなことが起きたのか。ロシア事情に詳しい識者からは「軍や一部の富豪が混乱を生まないように秘密裏にクーデターを起こし、プーチンを粛清してクローンとすり替えた」「ロシア内で復権したフリーメイソンがプーチンのすり替えによって国を乗っ取った」といった意見が唱えられている。

いずれにしても、外見だけでなく政策や軍略にも「違和感」を指摘されているプーチン。クローン人間とすり替えられたのだとしたら、その恐るべき陰謀の背後には誰がいて、どんな目的があるのだろうか。

オペラ歌手、肉まん屋、プーさん……似てたら「皇帝侮辱罪」!?

習近平のそっくりさんが続々失踪　もはや激似だけで罪になる中国

文／西本頑司

そっくりさんが生き延びるには「影武者」になるしかない……

いま中国では、習近平に似ている人物が次々と「消えている」という。

この都市伝説の根拠となったのが、ドイツ在住の中国人オペラ歌手・劉克清だ。本人も習近平に似ていることを意識しており、動画では習近平風の挨拶の直後、朗々とバリトンボイスでオペラを歌い出すという動画がヨーロッパでバカ受け、調子に乗って2019年9月、中国のショート動画アプリ「ＴｉｋＴｏｋ」にデビューしてしまったのがまずかった。中国国内で37万人が視聴したところで、ついに当局の検閲が入り、2020年6月、中国国内でのアカウントがすべて削除されてしまったのだ。劉克清は中国でオペラ学校を経営中で、ドイツから帰国すれば拘束されるのは間違いなく、本人も「もはや影武者になるしかないのか」とドイツで震える日々を送っているらしい。

さらに「習近平そっくりの肉まん屋」も消えたといわれている。2020年初頭、習近平に似た親父さんが屋台で肉まんを売る動画が話題になった。その親父さんもすでに行方知れずの状態という。習近平と肉まんはタブーだからである。

その証拠に2017年、40代の中国人男性が「習肉まん」とネットに書き込んで逮捕され、懲役2年の実刑をくらっているのだ。2015年、習近平が北京で肉まんを購入し、それをほおばる姿がニュースとなるのだが、これは中国のAKB的アイドルが「♪肉まん買おうと行列に並ぶと、私の後ろにはあの人が！」と唄う政権プロパガンダソングのための仕込みだった。先の書き込みは、それを小バカにしたため、問答無用で逮捕となったといわれる。習近平そっくりの親父さんが肉まんを売ること自体、中国では「皇帝侮辱罪」。気のよさそうな親父さんの安否が気遣われているわけだ。

中国では、すでにディズニーの「くまのプーさん」が消えた。習近平に「似ている」こと自体もはや許されないのである。

そのうち、やたらと歌のうまい習近平や、うまい肉まんをつくる習近平が登場するかもしれない……影武者として。

カトリック系教派を意識して「聖母マリア」の生誕日を命日に

エリザベス女王は自然死ではなく「9月8日を命日にする計画」説

文／高梨 猛

2022年9月8日、〝ロンドン橋が落ちた〟。これはイギリスのエリザベス二世が亡くなると発動する「ロンドン橋計画」のことで、死去してから国葬までの約10日間の詳細な計画を表すコードネームだ。死去後、政府や英国国教会、警視庁やイギリス軍など各種機関がすぐさま「ロンドン橋計画」を実行に移すことになっていた。

この計画は1960年代から存在していたとされており、情報伝達の手段から発表方法、国葬などの追悼儀式に至るまで綿密に練られ、いままで何度もシミュレーションされてきたという。「エリザベス女王の亡くなった場所」によって、〝遺体をどう移送するかの作戦〟がいくつもあり、実際にはスコットランドのバルモラル城で亡くなったため、その場合のコードネーム「ユニコーン計画」も同時に発動した。

ここで注目されているのが、命日となった「9月8日」という日付である。エリザベス女王は以前から健康を害していると報じられていたが、死の2日前の9月6日にはボリス・ジョンソン首相（当時）の辞任を受理し、リズ・トラスを新首相に任命するなどの公務を行っている。その48時間後に亡くなったというのは、自然死ではなく「9月8日を命日にする計画」があったためとされている。

修正ユリウス暦によると、9月8日はイエス・キリストの母であるマリアの生誕日。聖母マリアはとくにカトリック系教会で神聖化された存在だが、英王室は1534年にローマ・カトリック教を放棄し、英国国教会に分派している。そこで、このような分裂の過去から生じた〝しこり〟を少しでも緩和するために、カトリック系教派を意識して聖母マリアの生誕日である9月8日を選んだ、という説もある。

エリザベス女王を継ぐ〝運命の子〟

また、識者の間では、すでにエリザベス二世の〝女王〟としての地位を「継ぐ者」の存在が取り沙汰されている。それは、見た目がそっくりで、女王の生まれ変わりとまで言われている、ひ孫のシャーロット王女だ。

2015年生まれで、正式名をシャーロット・エリザベス・ダイアナ・オブ・ウェールズ王女といい、その名前にはチャールズ国王（ウェールズ）、エリザベス女王、そして祖母にあたるダイアナ妃の名前が連ねられているのだ。

都市伝説・考察系YouTuber「ウマヅラビデオ」が語る

大ヒットドラマ『イカゲーム』が警鐘を鳴らす、貧困層をこの世から消す恐怖の「優生思想」

『イカゲーム』を生んだ韓国の大格差社会

2021年、韓国のサバイバルドラマ『イカゲーム』が世界中で大ヒットしました。

これは、多重債務者たちが多額の賞金を手に入れるため、子どもの遊びをモチーフにしたデスゲームに命を懸けて参加するというドラマです。『イカゲーム』の監督自身の貧困体験に加え、『バトル・ロワイアル』『LIAR GAME』『賭博黙示録カイジ』など日本の漫画の影響も受けたとされています。

なぜ『イカゲーム』が大ヒットしたのか。

このドラマでは、韓国における富裕層と貧困層の格差社会が如実に描かれています。韓国では現実社会も本当にデスゲームのようで、勝ち組の富裕層は安泰な生活を送れますが、負け組の貧困層は死を選ばざるを得ない状況に陥る可能性も高いのです。

韓国は人口10万人当たりの自殺者数がとても多く、OECD（経済協力開発機構）

加盟国のなかでトップ。

過酷な超学歴社会の韓国で暮らせない若者は、海外へ逃れてなんとか生き延びている人が多いのが現実です。韓国のエンタメは世界市場にも受け入れられてすごく勢いがありますが、その半面、人気者である期間はとても短く、一昔前のアイドルが今はウーバーイーツの配達員などをしており、芸能人のセカンドキャリアもかなり厳しいようです。

『イカゲーム』が生まれた背景には、韓国のそんな大格差社会があるのです。

新型コロナで、大富豪の資産は7000億ドルから1・5兆ドルに

貧困には「絶対的貧困」と「相対的貧困」の2種類があります。

絶対的貧困とは、そもそも生物的に生きていくのが難しい状況で、食べ物が少なかったり、溜め池の汚染された茶色の水を飲んだりしないと生きていけないようなことです。アフリカ、中東などの紛争地域に現在でも存在しています。

対して相対的貧困とは、その国の生活水準に満たない貧困のことを指します。韓国、日本、アメリカといった格差の大きい国にとても多い貧困です。

努力すれば成功して貧困から抜け出せると思っている人もいるでしょう。ですが、

実は努力も才能で決まってしまいます。努力できる遺伝子、努力できない遺伝子があるからです。だから、そもそも頑張ることすらできない人も多いのです。そのため格差がどんどん広がっていきます。

さらに新型コロナウイルスの影響で、世界人口の99％の収入が下がったようです。そのため、新たに貧困層に1億6000万人以上が加わりました。それとは逆に、世界の大富豪10人の資産が7000億ドルから1・5兆ドルに増えました。

1・5兆ドルというのは、世界の貧困層31億人の合計資産を6倍したのと同じです。それをたった10人の大富豪が所有しているわけです。大格差社会は資本主義システムの限界というか、そうしたシステムをつくった人たちの陰謀の結果だろうと思います。

人類の「生殖能力の喪失」と「メタバース」によるデジタル管理

韓国では、貧困層は半地下に住んでいることが多いのです。それを描いた映画『パラサイト 半地下の家族』もそうですが、格差社会を描いたエンタメが流行っています。今後のエンタメは、そうした国民の同情を煽るかのような作品が、韓国にかぎらず世界でどんどん増えてくるでしょう。

エンタメの世界では、例えばゲイタレントの露出が増えるなどジェンダーレスが広がり、男性か女性か性別がわからない、本来なら陰と陽の関係にあるべきもののバランスが世界的に崩れている感じがします。

我々はジェンダーレスそのものを決して否定しませんが、そうしたところに悪魔がつけ込んでいるという印象です。日本でも少子高齢化が問題化しており、子どもの出生率は戦後最悪です。

なぜそうなったのでしょうか。食品添加物や新型コロナウイルスのワクチンなどで不妊化させられているからです。

簡単にいえば「生殖能力の喪失」ですが、その思想のもとになったのが「キュベレー崇拝」です。キュベレーとは古代ギリシア、古代ローマで信仰が広がった大地母神のことで、そのキュベレーの血族を名乗っているのがロスチャイルド一族です。

そんな彼らが進めているのが「メタバース」です。人口削減を目的に、人間の意識をVRに閉じ込めてデータ化する。VRで管理すれば、世界の人間をひとり残らずデジタルで監視できるというわけです。

メタ社（旧フェイスブック）のロゴマークに、悪魔の血族ニムロデのシンボル「X」が使われていることからも、そうした陰謀が見てとれます。

エンタメ、ワクチンなどを通じて徐々に不妊化させられて生殖能力を失い、残った人間だけがVRで管理される。そこに向けた布石は、これからも世界中で顕著になっていくと思います。

貧富の格差を広げ、貧困層を殺す大格差社会

経済格差が生じる背景には「貧困層の人間を、この世から消したい」という意図があります。著名なシンクタンク、ローマクラブの創始者アウレリオ・ペッチェイという人物は貧困層のことを「無駄飯食い」と称して、世界人口を25億人まで減らす必要があると自身の著書で語っています。

またSDGs（持続可能な開発目標）には、目標の第一に「あらゆる場所のあらゆる形態の貧困を終わらせる」とあります。これは全員が貧困から脱却するというよりも、貧困層をこの世から消すというふうに捉えることもできます。

貧富の格差を広げ、貧困層を殺す。そんな大格差社会の現実化が、『イカゲーム』という作品にも表れているわけです。その根本には、優れた人間だけを残す「優生思想」が間違いなくあります。

人口を減らしたいロスチャイルド一族とその仲間たちは、資源の枯渇や環境破壊を恐れています。それが人口削減をする理由です。

環境保全のためには、人類をVRに閉じ込めればいい。寿命が尽き必要のなくなった肉体はどうなるかというと、樹木の下に埋められて自然の養分となります。彼らはそうした養分となる人々のことをゴイム（家畜）といっています。

「酒類、ドラッグ、退廃的道徳、あらゆる形態の悪徳を代理人を通じて組織的に利用することで、諸国家の若者の道徳心を低下させなければならない」といったことが、イルミナティができる3年前の1773年、ロスチャイルド一族によって作成された「世界革命行動計画」にも記されています。イルミナティは間違いなく、その計画のもとで動いています。

彼らは長期的に、何百年にも及ぶ計画を立てます。それは血族に脈々と受け継がれて、やがては達成されるという考え方です。現在も着々と計画は進んでいます。

2025年、大阪万国博覧会で一気にメタバースが広まっていくでしょう。大阪万博は「サイバー万博」ともいわれており、電脳世界をより身近に感じてもらうというコンセプトのもと「電脳世界は素晴らしいものだ」と喧伝する博覧会になります。それが日本から始まるというのが象徴的です。

最終的には、人間が肉体、脳、空間、時間の制約から解放された社会を実現する「ムーンショット計画」に行き着きます。日本は2050年にムーンショット達成を掲げています。この計画の裏にはユダヤ人の存在があります。かつて平安時代の日本には「秦氏（はたうじ）」と呼ばれる存在がいました。秦氏はもともとイスラエルを追われてきたユダヤ人といわれており、彼らは日本に平安京、イスラエルでいうところのエルサレムをつくりました。東のエルサレムからメタバース革命が始まる。本当にすごいシナリオが動いているのです。

ウマヅラビデオ（うまづらびでお）
2011年にウマヅラがYouTuberとして活動開始。2016年にべーこん、2017年に否メンディーが加入し、3人組体制となる。2018年から都市伝説や怖い話などを取り上げるようになり、チャンネル登録者数が急増。2019年12月には登録数100万人を達成した。自由奔放にボケまくる否メンディーに、某・都市伝説タレントに扮して解説とボケを担当するべーこん、そして2人に切れ味鋭く突っ込む〝キューティクル全開〟なウマヅラ、という3人のバランスが絶妙な、いま最も勢いのあるYouTuber。2023年5月時点でのチャンネル登録者数は約136万人。

「台湾有事」で沖縄を失い、横浜、横須賀が「核兵器」で廃墟に

「イルミナティカード」が予言する核戦争による〝日本滅亡〟の危機

文／由本裕貴

注目のカードは3枚

日本を取り巻く安全保障環境が厳しさを増している。ミサイルを連発する北朝鮮、海洋進出を目論む中国に加え、ロシアによるウクライナ侵攻で北方領土も対岸の火事ではないことがわかった。いつ有事が起きてもおかしくない時代、あのイルミナティカードが日本の行く末を暗示しているという。

「40年前、秘密結社イルミナティを題材につくられたカードゲームは、一部のカードに描かれた絵が米同時多発テロや福島第一原発事故、新型コロナウイルスなど、のちに起きる重大事件を予言していました。日本のこれからも予言されています」（在米ミステリー作家）

５００種類以上ものカードには日本に関連するものもいくつかあるが、注目のカードは３枚だという。

「注目カードの1枚目は、その名のとおり『Japan』です。描かれた絵はいまの日本の姿とは少し違い、日本列島に所狭しと巨大な高層ビル群が建ち並び、左側に四国や九州があるが、沖縄が描かれていないのが特徴です。中国による台湾侵攻時は米軍基地のある沖縄が巻き込まれることは必至なので、日本が沖縄を失うという意味かもしれません」(同前)

さらに目を凝らすと、九州の福岡あたりにレーダー施設のようなものが見える。もし、沖縄の米軍基地が壊滅させられた場合、九州に基地を移設する事態も考えられるが、前線基地が福岡に築かれることを暗示しているのかもしれない。

「Japan」のカードに描かれている日本には沖縄がない

「Wargamers」には台湾海峡での米中の対立が描かれている

「また、反対の右側には細長い島がありますが、これは千島列島と考えていいでしょう。ロシアとの領有権問題を抱える場所に、高層ビルが建っているのは、ロシアによって、新たな都市が築かれるという意味かもしれません」（同前）

このカードが不気味なのは、日本の背景に大きな旭日旗が描かれ、その旭日旗の左上と右上が斜めに切り取られているところにあるという。まるで遺影のようで、日本という国の終わりを告げているかのようだ。

台湾海峡で睨み合う米中

「2枚目は、『Wargamers』という名のカードです。男性がボードゲームに夢中になっているが、ボードはなぜか海と陸地。赤と青の旗を立てた陣営が対峙していて、右側の陸地には穴が開いています。これを『青の洞窟』のような洞穴のある台湾だとすれば、左側が中国大陸。赤の陣営は中国軍、青は米軍になるでしょう。台湾海峡や南シナ海で睨み合う米中をそのまま表しています」（同前）

そうすると、手前の陸地は中国との領有権問題を抱えるフィリピンということだろう。そのすぐ近くに、海に浮かぶ巨大な戦艦のようなものも描かれている。実は南シナ海の南沙諸島沖では、中国が人工島を築き、軍事基地を整備したことがわかっているが、これを表現しているのだろう。

「アメリカのブリンケン国務長官が、『中国が予想よりも早いスケジュールで台湾統一を目指している』と分析しました。中国が武力で統一を図ろうとすれば、この海域は米中の戦場になる可能性が非常に高い。後ろから凝視する男性の汗の量が、その戦争が厳しいものになることを示しています」（同前）

描かれた核攻撃を受けた町の惨状

そして、最後のカードが「Up Against the Wall」で、「壁にぶち当たる」「窮地に陥っている」という意味で、荒廃した街の様子が描かれている。

「Up Against the Wall」では、黒い人影など、核戦争で荒廃した街が表現されている

「見ていただければ、不気味な色の空の下、壊れた赤い壁には人間の影のような黒い模様があり、手前に落ちている黄色と黒のマークは放射能の危険性を示すハザードシンボルに似ています。これは、核攻撃を受けた街の惨状を描いているのです。そして、この絵とよく似た場所が日本にあります。それが、横浜です」

(同前)

左後方に黒い廃墟と化した建物があるが、たしかに、この特徴的な構造が横浜みなとみらいの「ヨコハマ　グランド　インターコンチネンタルホテル」に似通っている。そうなると、人の影が残った手前の赤い壁は、ホテルから南東に約700メートルの近距離にある「横浜赤レンガ倉庫」と推測できる。実は、赤レンガ倉庫にはこの絵とまったく同じ風景の場所が存在する。

「中国や北朝鮮、ロシアの核が日本に向けられれば、まず狙われるのが米軍基地です。赤レンガ倉庫から南に約18キロの地点には横須賀基地があり、朝鮮半島近海や台湾周辺で緊張が高まるたびに、ここから原子力空母ロナルド・レーガンが出港しています。まさに、日本における米軍の最重要拠点といえる横須賀に核攻撃が行われれば、このカードの絵が現実になってしまうのです」(同前)

赤い壁の砕けた部分が横須賀湾の形にもよく似ており、恐ろしい未来を暗示しているようだ。

3枚のカードの予言が的中すれば、日本は国家存亡の危機に瀕することになるかもしれないのだ。

コロナ禍で清潔化、インフル患者数はたったの4人！

〝清潔化〟の影響で免疫低下！日本を「ゾンビ化ウィルス」が襲う

文／西本頑司

「たった4人！」。2020年9月下旬、厚労省が発表したデータに医療関係者が衝撃を受けた。

9月7日から13日までのインフルエンザ患者数が、全国調査で「たった4人」であったことがわかったのだ。去年の同時期の同じ調査では、冬場となる南半球からW杯ラグビーの観光客が殺到したことで感染爆発といっていい5738人を記録したが、基本的には1000人から3000人で推移する。それと比較しても例年の「1％」となり、異常な低数値であることが理解できる。

普段なら感染しない弱い菌やウィルスで重症化

これはコロナ禍でマスクと手洗い、アルコール消毒が日常化した結果だが、医療関係者が心配するのは、この傾向が続けば「日本人の免疫が低下する」と予見されるからなのだ。実際、清潔な病院に長期入院すると、免疫が低下しやすくなる。その結果、普段なら感染しない弱い菌やウイルスで重症化することがあるのだ。逆に不潔な行為を指摘されて「なーに、免疫がつく」と言い返したりするが、あながち間違いではなく、健康な人ならば多少、不潔な行為をして免疫を活性化させておくほうが健康維持にとってはプラスになるわけだ。

先の「4人」のデータは、日本中が清潔な病院並みの環境となった証拠。来年以降、多くの日本人が免疫低下傾向となって、これまでなら安全だった弱いウイルスに感染しやすくなると予想されるのだ。

「ゾンビ化ウイルス」でパンデミックを狙うディープ・ステート

そこで気になるのが「最終ウイルス」説であろう。陰謀論を賑（にぎ）わすディープ・ステートたちは、来年、性懲りもなく新型コロナとは別の「最終ウイルス」でパンデミックを狙っているというのだ。

それが「ゾンビ化ウイルス」である。ゾンビといっても、動く死体となるのではない。感染すると異常行動をとり、暴れ出すタイプで、感染者を取り押さえる過程で飛沫感染し、その人間も同じように「暴れ出す」。ゾンビのように「感染で仲間を増やしていく」ことでゾンビ化ウイルスと名づけられたようなのだ。

警察官による不当な拘束で黒人が死亡したジョージ・フロイド事件から発生したBLMは全米各地で「暴動」に発展。その背景には「未知のウイルス」が関わっていたのか

そんなことが可能なのか——といえば現在の遺伝子操作では、そこまで難しい技術ではない。不安遺伝子という用語を聞いたことがあろう。脳内にある感情を司る神経伝達物質「セロトニン」の分泌量は、セロトニン・トランスポーター遺伝子の量によって決まる。多ければ「不安遺伝子」の影響を受けず、大胆な行動をとり、逆に少なければ「不安遺伝子」によって行動が自粛される。

このトランスポーター遺伝子の量は個人のみならず血統で受け継ぎ、民族間で顕著な差が出ることで知られ、とくに日本人はトランスポーター遺伝子の量が少ない人の割合が97％と世界屈指の「不安遺伝子」型の民族。日本人が社会ルールを守り、集団行動を好むのは、「みんなと一緒」でないと不安になるからなのだ。逆に不安遺伝子の影響が少ない欧米系白人やアフリカ系黒人は、個人の主義や感情を優先する。いずれにせよ、このセロトニン異常が起これば、どちらに振れても異常行動をとる。もうおわかりだろう。ゾンビ化ウイルスは、このセロトニン・トランスポーター遺伝子に作用してセロトニン分泌異常を引き起こすと考えられるのだ。

もしかすると2020年5月25日、ジョージ・フロイドさんの死をきっかけに全米で吹き荒れた「BLM」騒動は、この「ゾンビ化ウイルス」を実験的にばらまいたのが原因ではないか、と思えてくる。突然、多くの人が怒りっぽくなり、周囲に呼応して暴れ回り、そして自然と鎮静化する。まさにゾンビ化ウイルスと、まったく同じ特性があった。

来年以降、免疫の低下した多くの日本人が「ゾンビ」になってしまう可能性は否定できないのだ。

人工隕石で都市攻撃を行う「米中宇宙戦争」に自衛隊が参戦

河野太郎が目論む自衛隊による UFO撃退「宇宙作戦隊」設立

文／西本頑司

自衛隊の「宇宙軍」はUFOと戦うことを明言

「まもなく宇宙人が襲来する！」

陰謀論界で、この噂が日増しに高まっている。

というのも安倍政権の置き土産が「自衛隊によるUFO対策」だったからである。安倍政権で防衛大臣を拝命していた河野太郎は2020年9月15日の退任会見で自衛隊が未確認飛行物体（UFO）などを発見した際の対処方針を緊急で定めたことを公表。さらにいえば、河野防衛大臣は、2019年12月のアメリカ宇宙軍創設に合わせて2020年5月、自衛隊に「宇宙作戦隊」の設立を陣頭指揮し、現在の航空自衛隊から「航空宇宙自衛隊」への改組の意向も強く示した。いうなれば河野太郎は、安倍政権最後の防衛大臣として、自衛隊の「宇宙軍はUFOと戦うこと」を明言したのだ。

実際、アメリカでも2020年4月、米国防総省がUFO動画3本を秘密指定解除にともない公開。世界中の人々を驚かせた。映像に映っているUFOが「宇宙人の乗り物」であるか否かは別にしても国籍不明の空飛ぶ円盤が実在するのは、もはや事実となった。そして日米両軍が慌てて宇宙を作戦空域に指定する。「宇宙人襲来」とは言わないまでも「宇宙戦争」の現実味は相当高まっていることが理解できよう。

そこで気になるのが2020年7月1日未明、東京上空を襲った隕石であろう。7月2日午前2時頃、神奈川県相模原付近から川崎方面に向けて真っ赤に発光する謎の物体が爆発音とともに通過する騒動があった。おそらく小さな隕石が落下途中で燃え尽きたものだったとされるが、これに日米軍当局者は青ざめたという。なぜなら、この隕石が自衛隊や米軍基地をかすめるコースをたどりながらも、あまりの小ささに事前に予測できなかったためだ。

もう少し隕石が大きければ、都心部で甚大な被害を出していた可能性もある。

ここで重要なのは、たとえ自衛隊駐屯地や米軍基地、あるいは日本の政治中枢に被害が出たとしても「隕石落下による災害でしかない」という点なのだ。

これを「意図的」にやったとすればどうなのか。

実際、日本中を感動させた国産惑星探査衛星「はやぶさ」のカプセルリターン（2010年6月13日）においてJAXA（宇宙航空研究開発機構）は落下目標地点を

外相、防衛相を経てニューリーダーとなった河野太郎。おもしろツイッターが大人気

「50メートルオーダー」で実現した。つまり、軍事衛星から小型衛星に隕石となる石を積み込んで発射し、軍事衛星で落下軌道を調整して目標地点に落とすのは技術的にはさほど難しくないのだ。しかも衛星部分は大気圏突入で完全に消滅し、残った「石」が狙った軍事施設に落下、破壊する。軍事技術ではなく日本の宇宙技術でも可能なレベルであり、当然、宇宙開発に力を入れてきた中国もできる。

「自然災害」のフリをした人工隕石による軍事攻撃

もうおわかりだろう。米中対立が激化するなか、その戦端となりえる軍事行動が「隕石落とし」なのである。目標地点をターゲティングして人工隕石を落とし、「自然災害」のフリをして攻撃を仕掛けるわけだ。そう考えると河野太郎が創設した宇宙作戦隊は、まさに「デブリ（宇宙ごみ）観測」という宇宙空間の監視システムであり、そこから「隕石落とし」をいち早くキャッチ、航空自衛隊が米軍と連携してミサイルディフェンスで重要施設を守るという戦略構想といっていい。

アニメ『宇宙戦艦ヤマト』ではガミラス帝国が地球に隕石攻撃を仕掛け、『機動戦士ガンダム』ではジオン公国が「コロニー落とし」で連邦軍を攻撃した。そんなアニメと同じような隕石攻撃が、いま、まさに起きようとしているのだ。

米中対立は人類最初の「宇宙戦争」となるかもしれない。そして、そこには自衛隊が戦後、初めて戦闘参戦することになる。その可能性は否定できない。

噴火で発生する「二酸化硫黄」が日光を遮り、地球は氷河期に突入

人為的な「世界同時噴火」で世界を寒冷化して人口を削減する計画

文／北村美玖

トバ火山噴火で地球は長期的な寒冷に

２０２２年１月15日、南太平洋にあるトンガ王国のフンガ・トンガ島が噴火した。この噴火で島の大部分は消失し、巨大な爆風により８０００キロ離れていた日本でも約１メートルの津波が観測された。

近年ではかなり大規模な噴火ではあったが、過去にはフンガ・トンガ以上の規模の噴火が世界で起きている。１９９１年のフィリピンのピナツボ山噴火では、噴煙が高度１万３０００メートルまで達し、その影響で世界中が一時的に寒冷化したとの記録がある。約７万４０００年前に起きたインドネシアのトバ火山噴火では、東南アジアの上空が約２５００立方キロの火山灰で覆われ、地球全体が長期的な寒冷に見舞われたとされる。

「なぜ噴火で寒冷化が？」と思うかもしれないが、実は噴火で発生した火山ガスに含

まれる二酸化硫黄は、大気中の水と反応し、直径1マイクロメートルより小さい微粒子になる。これは「硫酸塩エアロゾル」と呼ばれ、太陽の日射光を遮る性質を持つのだ。実際、1783年6月のアイスランドのラキ火山の噴火では、火山ガスが北半球全体を覆って欧州の平均気温が約1度低下し、深刻な食料不足に陥ったという。

さらに専門家は、こうしたミニ氷河期的な現象は大規模な活火山にかぎらず、小さめの火山が複数、同時に噴火しても起こると指摘している。複数の噴火が一斉に起こる可能性は低いように思えるが、人類が自然をコントロールする技術の研究は進んでおり、人為的な同時噴火の可能性は否定できない。

アメリカがベトナム戦争中に実験していた「プロジェクト・ポパイ」は、モンスーンの期間を長くし、北ベトナム軍の補給路を絶とうとしたものだった。第二次世界大戦末期、日本は原爆投下により降伏したが、当時の米軍は原爆のほかに「人工地震による津波」を起こすことも検討していたとされる。ロシアの新兵器「ポセイドン」は、核弾頭を積んだ原子力潜水艦で、海底で核爆発させると高さ500メートルの津波を発生させられるという。

いまや、災害は人類の手で起こせる時代。世界各所で同時噴火を起こし、大規模な寒冷化で人類の人口削減を図る組織が存在していても不思議ではない。

「地球滅亡の危機」を認識したマスクは、火星への移住者を選別

イーロン・マスクが開発を進める火星移住に向けた「人類選別アプリ」

文／佐藤勇馬

謎多きアプリ「X」

世界一の富豪として知られる米電気自動車メーカー・テスラの最高経営責任者（CEO）で実業家のイーロン・マスクが、ソーシャルメディア大手ツイッターの買収によって「なんでもありのアプリ『X』の開発が加速する」と発表した。謎多きアプリ「X」の開発の背景には、将来的な火星移住を見据えた「人類選別」の意図があるのではないかと指摘されている。

マスクは2022年4月にツイッターを買収することで運営会社と合意していたが、一方的に計画を撤回して訴訟に発展。裁判の審理開始間近となった10月5日、マスクが当初の合意どおりに総額440億ドル（約6・3兆円）で買収を進めることを再提案したと明らかになった。この時、マスクは自身のツイッターに「なんでもありのアプリ『X』の開発が加速する」「ツイッターがおそらく『X』の完成を3～5年早め

るだろう。ただ、私の予想が外れる場合もある」と意味深に投稿した。

膨大な利用者データを獲得

ツイッターの買収をめぐっては、運営会社がマスクの要求に応じて大量の利用者データを渡したことが明らかになっている。通常であれば、ツイッターの企業価値や利用状況などを把握するため……といったデータの利用目的が考えられる。しかし、マスクが求めたデータ量は「正常な思考の人間なら決して要求しないほど膨大」だったと伝えられた。

なぜそんな途方もない量の利用者データが必要なのか。その謎のカギとなるのが先述したアプリ「X」だ。「X」は識者の間で、中国で10億人以上のユーザーを抱える「ウィーチャット」のようなスーパーアプリではないかと推測されている。「ウィーチャット」は基本的にはメッセージアプリだが、電子マネー決済、友人や家族への送金、公共料金の支払い、ショッピング、タクシーの配車など幅広い用途があり、中国では社会インフラと言っても過言ではないほど普及している。マスクがそれと同じように巨大なシェアを獲得できるスーパーアプリをつくるため、ツイッターの利用者データを分析しようとしているとも考えられた。

だが、単なるスーパーアプリであれば、マスクの「ツイッターが『X』の完成を3～5年早める」という発言は不可解だ。ツイッターを買収してもその程度しか開発が早まらないのであれば、10年規模のプロジェクトになるとみられ、スピードが重視されるアプリ開発の世界でそんな悠長なことをしていたら他社に出し抜かれてしまう。これはマスクなら百も承知のはずだろう。となると、「X」は従来の常識を超えた別次元のアプリではないかとも推察される。

完全に本気

謎に包まれた「X」と関連が深いと指摘されているのが、マスクが手掛ける民間宇宙企業「スペースX」だ。同社の最終的な目標として、マスクは「火星に人類を送り込み、40～100年かけて人口100万人以上の自立した文明を築く」と表明している。夢物語のようにも思えるが、マスクは莫大な資金をつぎ込んで宇宙船「スターシップ」や規格外の巨大ロケット「スーパーヘビー」などを開発しており、完全に本気だ。

火星移住を目指す理由として、マスクは「人類が地球に住み続けるかぎり、戦争や伝染病、小惑星の衝突などによって滅亡する危険があるが、他の惑星に移住できれば地球が滅んでも人類は生き残ることができる」と説明している。これについて、すでに「地球滅亡の危機を認識しているのでは」と指摘されている。マスクは人類の救世主ではなくビジネスマンなのだから、「もしかしたら人類が滅ぶかもしれない」といった程度のことに途方もない金額をつぎ込むとは思えないからだ。

ただ、そう遠くない未来に地球が滅亡する可能性があって人類の火星移住が急務になっても、すべての人間を宇宙船に乗せることはできないだろう。そのときには、箱舟に乗せる「人類の選別」が必要になる。火星に移住しても健康面で問題があったり、不穏分子になりかねない思想を持っていたりすれば計画に支障をきたす。だからこそ、マスクはツイッターの買収などで大量のユーザーデータを収集しているのではないか。そして「X」を全世界に普及させることで、最終的な「人類選別アプリ」にするのではないか。いずれにしても、マスクの「X」開発と「スペースX」の宇宙事業は今後の世界を占ううえで注視しておくべき動きといえるだろう。

都市伝説・考察系YouTuber「SHIN GEN」が語る

驚愕！　世界の99・9％が知らない人類存亡をかけた「地球異改造(ジオエンジニアリング)」

完全封印された怪しすぎる超巨大地下要塞の謎に迫る

２０１５年頃、長野県軽井沢町長倉(かるいざわまちながくら)に敷地面積約２万２０００平方メートル（テニスコート約84面分）にも及ぶ、地上１階、地下３階、総工費約80億円の超巨大別荘が建てられた。山をひとつ削り、大規模森林伐採を伴う超巨大建設工事であるにもかかわらず、個人の別荘扱いであったため、近隣住民への説明も十分に行われることなく建設された。

この要塞とも見紛う超巨大別荘地の事実上の所有者は、あのマイクロソフト社の創業者ビル・ゲイツ氏ではないかと、地元新聞、雑誌各社、テレビ等のメディアが報じ、その噂は海外でも大きな話題となった。

「火のないところに煙は立たない……本当だとしたら……なぜ日本の軽井沢に!?」

この疑問がキッカケとなり、実際に軽井沢の〝ビル・ゲイツの別荘〟なる場所を訪ねてみることにした。以下、知的好奇心ＣＬＵＢ専属・mamiレポーターによる現地調査報告である。

◇

地元住民いわく、例の建物は現地でももっぱら〝ビル・ゲイツの別荘〟として認識されているようだ。しかし、実際のところ誰が住んでいるのかといった詳細については、町役場などの行政機関や、工事を請け負った建設会社の人間は、まるで箝口令を敷かれたかのように徹底して固く口を閉ざしているとのことだった。

そしてまた、別荘の建設中に何度か現場を訪れたことがあるという某建設会社の社長に訊いたところによると「基礎工事の段階から仮設の屋根がつくられ、周囲からはもちろん、上空からも中の様子は完全に見えないようになっていた。目隠し用の仮設屋根の建設費用だけでも1億円くらいはかかったのではないか。施工主はオリンピック会場の設計も手がけた大成建設だし、普通の別荘ではないはずだ」とのこと。

そこまでの大金をかけてわざわざ仮設の屋根をつくって隠すあたり、単なる資産家の個人の別荘レベルではなく、巷で噂になっている〝地下核融合施設〟の存在も現実にあり得るかもしれないと感じた。

◇

ここ最近のビル・ゲイツ氏の動向を注視していると、エネルギー関連や環境問題への取り組みにウエイトを置き始めている傾向が見られる。彼が会長を務める原子力ベンチャー企業の米テラパワーは、日本原子力研究開発機構、三菱重工業と提携し、二酸化炭素を排出せずに生み出せるエネルギー源として核融合炉（次世代高速炉）の開発計画を進めているのだ。

『マトリックス』の現実世界とビル・ゲイツの目論見

あなたも一度は映画『マトリックス』をご覧になったことがあると思うが、あの映画に出てくる〝現実世界〟の設定は「人類はＡＩ（人工知能）を誕生させたが、やがて敵対するようになった。従来の機械の動力源はすべて太陽光から得ていたため、人類は機械を滅ぼす手段として〝暗雲〟で太陽光を遮った。動力源を失った機械は人間の身体からエネルギーを得ようとする。人体が生み出す電力エネルギーは１２０ボルトの電池以上、さらに核融合と結合させることにより機械が必要とするすべてのエネルギーを賄うことが可能となる。電池化させられた人間の意識はマトリックス（仮想世界）へと送り込まれ、それを逃れた生身の体を持つ人類は奥深い地下都市〝ザイオン〟で生きる」となっている。

この話とビル・ゲイツ氏の目論見とを照らし合わせてみよう。

①彼が創業したマイクロソフト社は〝人体からエネルギーを得て、その提供者に仮想通貨を付与する〟といった仮想通貨マイニングを行うシステムの特許を取得している。類似する例として、カリフォルニア大学サンディエゴ校では、人体からエネルギーを集め、電気変換できる発電システムを内蔵したシャツを開発。コロラド大学ボルダー校では、体温を利用した指輪やブレスレットタイプの熱発電機も開発されている。

②先述のとおり、ビル・ゲイツ氏が力を入れている核融合炉は〝核融合エネルギーを作り出し、地球上に太陽を再現する技術〟であることから〝人工太陽〟と呼ばれている。また、彼が出資するマサチューセッツ工科大学発の核融合ベンチャーCFS（Commonwealth Fusion Systems）が2030年代初頭の完成を目指している〝人工太陽（核融合炉）〟には「アーク（ARC）」という名が付けられている。

③ビル・ゲイツ氏といえば、【ノアの方舟（はこぶね）】の異名を持ち、終末の日に備える目的で、ノルウェー領の永久凍土に「スヴァールバル世界種子貯蔵庫」を設立した主導者であることでも有名だ。人工太陽が「アーク」と名付けられたあたり、ネーミン

グの綴りこそ違えど【アーク＝方舟（ＡＲＫ）】を連想させる。

この一連の流れや、彼とその背後で世界を動かしている黒幕たちの動きなどから推測すると、彼らの頭の中では「やがて太陽光が遮られ地上に人が住めなくなる近未来の姿」が見えているのかもしれない。なぜ太陽光が遮られるのか？　その理由としてまずあげられるのは、〝地球規模の地殻変動や火山活動により、天空を火山灰の暗雲が覆う〟ことや太陽の熱出力変化など――つまり、自然の猛威によるものだ。そしてこれらが現実となれば、地球は氷河期に見舞われる可能性が高くなる。

一方、人工的な遮光法も存在している。ビル・ゲイツ氏は、人類の生き残りをかけた最後の手段（二酸化炭素による地球温暖化を意図的に阻止する手段）＝ジオエンジニアリング（※1）として〝太陽光ブロック計画（成層圏制御摂動実験〈SCoPEx〉）〟にも出資する予定だった。だとすると、次のようなシナリオが浮かんでくるのだ。

「爆発的に増えてしまった地球を蝕む人類――その多くの意識をメタバース（仮想世界）に接続し、地球上での活動を停止させたうえで、その肉体をエネルギー源として利用する。そして核融合と結合させ、持続可能なエネルギーを産み出す。万一、計画どおりにコトが運ばなかった場合には、地球温暖化を食い止めるという建前のもと

『太陽光ブロック計画』を一時的に遂行し、人類のメタバース移行を強行させる。だが惑星大改革でもある『太陽光ブロック計画』を実行するには氷河期到来というリスクも伴うため、保険としての役割でもある『人工太陽』の準備や種の保存、地下および月への移住計画も同時進行しておく」

飛躍した考えと思われるかもしれないが、実際にこれら一連の計画のほとんどが2030年に達成される予定（※2）であることからしても、このようなシナリオどおりに進む可能性も、あながち否定はできないのである。

本当の支配者は人間か人工知能か

結局のところ、映画『マトリックス』での〝現実世界〟において〝人体をエネルギー源として利用〟したのは、「AI（人工知能）」という設定になっているが、実際に裏でそれを実行しようとしているのは「人間」であり、人工知能は人間に都合のいいときにだけ人類の敵として利用される支配管理用のツールにすぎないのかもしれない。なぜなら、これらすべては〝有史以来この世のすべてを支配する者たち〟が新世界を創造するために必要な計画の一部だからである。

これから先、人類が「人」として生き残っていくためには、この茶番じみたパンデミックから動き出した「デジタル化」「メタバースへの移行」「人類削減」の一連の流れを創造した〝存在〟に気づくことが必須であり、その思考や計画を読み解くことができなければ、彼らの存在を超えることはできないだろう。人類の生き残りをかけた未来の鍵は、そこにあるのかもしれない。

※1　ジオエンジニアリング：地球温暖化などの気候変動を抑えるために惑星環境を意図的に操作する地球工学。
※2　これら一連の計画のほとんどが２０３０年に達成される予定：ドコモ６Ｇホワイトペーパー（２０２１年11月公開）では「サイバー・フィジカル融合の高度化」について提言。

ＳＨＩＮ ＧＥＮ（しん・げん）
チャンネル登録者数約12万人を誇る、知的好奇心ＣＬＵＢチャンネル主宰の都市伝説考察系ＹｏｕＴｕｂｅｒ。ＮＡＳＡ宇宙疑惑、地球外生命体、仮想世界、人類の起源、陰謀論、超古代文明、科学テクノロジー、世界の謎、疑惑、驚愕の真実など、幅広いジャンルの動画を投稿。動画ではＭＩＢスーツに黒のグラサン姿が印象的なアバターを使用。朗々とした語り口による鋭い考察と、ハイクオリティなＣＧ映像で熱狂的なファンが多い。

都市伝説・考察系YouTuber「コヤッキースタジオ」が語る

WHOと製薬メーカーを牛耳る闇の支配者による「人類5億人」計画

現代の医療ビジネスを支配する世界有数の財閥

とーや　コロナの感染拡大を予防するためのマスクや検温、さらにインフルエンザの予防接種も、私たちは当たり前に行っていますね。このようなことを推進しているのはWHO（世界保健機関）です。

コヤッキー　コロナに対しても健康面において、いろいろと世界に指示を出していた機関ですね。

とーや　しかし、実はWHOが人々の健康をビジネスの道具としか見ていない組織に操られているとしたら恐ろしくないですか。

コヤッキー　各国がWHOを信じて対策してるから、それが事実ならヤバいです。

とーや　WHOのみならず、現代の医療を支配している一族がいるのです。それがロックフェラー一族。

コヤッキー　ロックフェラーといえば、石油業や軍事産業、金融業などの企業を傘下に収める世界有数の財閥。

とーや　ロックフェラー一族は世界最大の石油トラストであるスタンダードオイルの創始者ジョン・D・ロックフェラーと、その弟でナショナル・シティー銀行ニューヨークの創業者ウィリアム・ロックフェラー、この2人の存在によって発展しました。そしてロックフェラー一族の中心産業である石油は、医療と非常に深い関係があるのです。実は薬のほとんどが石油からつくられる化学物質だということをご存じでしょうか。

コヤッキー　石鹸ならわかるけど、飲み薬もですか。

とーや　そうなんです。怪我をしたら絆創膏(ばんそうこう)を貼ったり、目が疲れたら目薬を使ったりしますすね。サプリを飲んでいる人もいるかもしれません。しかし、それらは人々を操り、儲けるために仕組まれたロックフェラーの陰謀だったんです。

コヤッキー　我々はロックフェラーの掌の上で転がされている……。

「薬物治療」を中心とする西洋医学を世界に広めた

とーや　例えば、世界の医薬品の売上高トップ20の企業を見てみましょう。このランキングでとくに注目すべきは、20社中8社がアメリカの企業である点です。

コヤッキー　大国だし、人口も多いから、ランキング入りしているのはそんなにおかしいことじゃないと思いますけど……。

とーや　実はこのアメリカ企業の8社は、すべてロックフェラーから資金援助を受けているんです。つまり、ロックフェラーによって製薬会社が支配されているということは明白です。

コヤッキー　「支配」は大げさと思われる人もいるかもしれませんが、会社って株主のものなんですよね。なので、資金援助ということは相当数の株式を保有しているだろうから、製薬会社がロックフェラーに牛耳(ぎゅうじ)られていると言っても過言ではない。

とーや　そのとおり。ロックフェラー家のなかでも最も長生きしたのは、第3代当主のデイヴィッド・ロックフェラー。彼は2017年に101歳で亡くなりましたが、かなりの長寿です。

コヤッキー　やっぱり、いい薬を飲んでいたんでしょうね。

とーや　そう思いますよね。でも、彼には3つの健康法があり、それが「外食をしない」「水道水は飲まない」「薬を飲まない」。つまり、自分の健康のためには薬を飲まないが、自身の石油で利益を出すために、世界には薬を広めていたというわけです。

コヤッキー　石油をそのままエネルギーとしても売るし、薬に変えても売っているんだと。薬を飲まないって、現代医療と真逆のことやってるやん。

とーや　さらに薬物療法を近代医療として世界に浸透させていくため、ロックフェラーは医師免許制度の創設にもかかわったといわれています。現代医療が発達する以前は、人間の自然治癒力に基づいて治すことが主流でした。医師として活動するために公的な免許は必須ではなかったのです。それでは薬は売れないので、ロックフェラーは免許制によって西洋医学の「医師」を作り出し、薬物治療を中心とする西洋医学を世界に浸透させていったというわけです。

パンデミックの到来を予言するかのような発言をしていたビル・ゲイツ。世界人口の抑制についても度々言及している

コヤッキー　今は風邪をひいたら風邪薬、頭が痛ければ頭痛薬を飲むけど、それはある種の洗脳かもしれないと。

とーや　薬による治療が近代医療として

広がったことによって、石油から生まれた無数の薬が世の中に出回ることになったのです。でも、そもそも薬は根本的な原因を取り除くものではないんですよ。

コヤッキー　原因に作用するわけではなく、症状を抑える薬。あくまでも対症療法ですね。風邪薬もウイルスを殺すのではなく、症状を抑える薬。

とーや　風邪を完全に治療する薬を発見できたらノーベル賞ものだといわれていますが、それが完成すると他の薬が売れないので、あえてつくっていないという都市伝説もあります。

コヤッキー　考えてみると、製薬は人間が生きているかぎり、無限にお金を生みだす仕組みになっていますね。

WHOへの拠出額で2位のビル・ゲイツ財団

とーや　さらに、ロックフェラーと同じく、この問題に大きく関与しているのはビル・ゲイツ。冒頭で話したWHOの運営は加盟国や金融機関、財団などによる拠出金で賄われています。実は全体の9・8％が「ビル＆メリンダ・ゲイツ財団」から出資されているのです。この割合はアメリカに次ぐ2位で、イギリス、ドイツ、日本よりも大きいです（2018～19年）。

コヤッキー　なぜ、彼らはＷＨＯや医療関係にかかわっているのでしょうか。

とーや　その裏には、儲けることとは別に、人類を支配する計画があるといわれています。２０１０年にロックフェラー財団が発表した「未来シナリオ」では、今後世界でパンデミックが起き、マスクの着用、体温チェックが義務化されると書かれているのです。

コヤッキー　まさに我々はシナリオどおりの現実に生かされていると。

とーや　将来のシナリオを描いた行動計画は、これだけではありません。１９９２年6月にブラジルで開催された地球サミットで採択された行動計画「アジェンダ21」でも、人類の未来について言及されています。これは人類活動と環境保全の両立を目指す計画で、世界人口の調整についても書かれていると見られています。最終的な目的は、ジョージア・ガイドストーンのメッセージに基づき「人類を5億人以下に維持する」ことだというのです。

コヤッキー　ジョージア・ガイドストーンとは、アメリカに１９８０年に建てられたモニュメントで、そこにはいろいろなメッセージが刻まれている。支配者階級はこのメッセージを参考に世界の指針を決めているといわれ、メッセージのひとつが「人類を5億人以下を維持する」というものですね。

とーや　そうです。コロナのパンデミックによって、人々はスマートウォッチなどで健康状態のログを取るようになりましたね。つまり、デバイスによって健康状態を管理されているともいえます。これも、人類の管理という点では支配層の思惑どおり進んでいると見えてしまいます。WHOや医療関係者の発言は信用があるため、疑う人も少ない。このような機関やそこから発信される健康法、医療制度はロックフェラーやビル・ゲイツなどの支配者たちが、世界を都合よく動かすためにつくったものなのかもしれないのです。

コヤッキースタジオ（こやっきーすたじお）
〝都市伝説テラー〟のコヤッキーと〝アニメ・漫画アンバサダー〟のとーやによる都市伝説紹介YouTubeチャンネル。2019年から配信を開始し、登録者数は約101万人（2023年5月時点）。コヤッキー、とーやはともにマンガ好きという共通点もあり、アニメに関する都市伝説も多数発信。関連チャンネル「コヤッキーチャンネル」などでも動画を配信中。

「世界ミステリーch」が大解剖

闇の世界史に封じ込められた冷酷な「心理実験」の数々

人格無視の非倫理的な心理実験

闇の世界史を紐解くと、過去に人間を被験者にした冷酷な心理実験が数多く存在していたことがわかる。科学者たちが人間心理を深く知るために行ったのだ。

たとえば、1971年にスタンフォード大学の地下実験室を舞台に行われ、のちに映画化もされた「スタンフォード監獄実験」。マインドコントロールの可能性を探るべくCIAが1950年代から1960年代末にかけて極秘裏に実施した洗脳実験「MKウルトラ計画」。権力者に服従してしまう人間の心理を調べるために1963年から何度も繰り返された「ミルグラムの服従実験」――。いずれも被験者の人格を無視した非倫理的な心理実験・人体実験であり、現在の科学者が同じアプローチをするのは不可能だろう。

しかし、一見すると人類の黒歴史のように思えるこれらの実験には、実は〝現代の病理〟を考えるためのヒントが隠されていることも多いのだ。そうした実験のひとつが、アメリカの著名な社会心理学者であり、前述した「スタンフォード監獄実験」の責任者として悪名を轟かせたフィリップ・ジンバルドーが1969年に行った「没個性実験」という名の心理実験である。

匿名性で攻撃性が増す実験

実名を隠したまま他人とのコミュニケーションが成立する世界のことを「匿名社会」という。主な舞台となるのはＴｗｉｔｔｅｒなどのＳＮＳである。匿名社会に閉じこもる利用者が爆発的に増加した結果、インターネット上の誹謗中傷が大きな問題になったのはみなさんもよくご存じだろう。2021年5月、プロレスラーの木村花さんが匿名アカウントからの誹謗中傷で自殺に追い込まれた痛ましい事件の記憶はまだ生々しいはずだ。

ジンバルドーの没個性実験は、この「匿名性」と「攻撃性」の関係にフォーカスしたものだった。匿名であることが人間の心理と行動にどのような影響を及ぼすのか、もっと言えば、匿名の人は実名を公開している人よりも、他人に対して「攻撃的になる」「冷酷さが増す」ということを証明しようとしたのである。

実験のあらましをざっと説明しよう。被験者となったのはウソの名目で集められた4人の女子大生だ。彼女たちは全員、アメリカ南部の白人至上主義者団体「ＫＫＫ」を思わせる目と口だけに穴の開いた頭巾をかぶらされ、お互いを識別できないようにされた。さらに2人だけが名札をつけるように指示された。つまり、4人の女子大生のうち、2人が顔も名前もわからない「匿名」、2人が名前だけわかる状態になったのだ。

そのうえで、ジンバルドーは別の女性2人と面談したときに録音したテープを4人に聞かせた。1人は心優しい女性という印象を相手に与え、もう1人は自己中心的で嫌な女性との印象を与える内容だった。

そして4人の女子大生が別々のブースに入れられ、いよいよ没個性実験が始まる。このブースからはマジックミラー越しに若い女性と研究者が会話している様子が見え、4人には「この女性は電気ショック実験を受けに来た被験者です。あなたたちは電気ショックを与える役をやり、この女性の気持ちを判断してください」と電気ショックのボタンが渡された。さらに「合図とともにボタンを押し、次の合図が出るまで押し続けてください」と指示されたのである。実験が始まる直前には、4人に対して「目の前にいる女性は、さっきのテープの人です」とも伝えられた。

実験の結果はどうだったのか。結論から言うと、匿名の2人は名札をつけた2人に比べて約2倍もの長い時間ボタンを押し続けたのだという。しかも、実験を重ねるにつれて、女性が「体が痺れる」「助けて」と顔を歪めて苦しんでいるにもかかわらず、ボタンを押す時間がどんどん長くなっていったというのだ。悪印象を与えた女性に対してはさらに時間が長くなった。

念のために言うと、この実験は本当に電気ショックを与えていたわけではなく、女性は演技をしていただけにすぎない。また「合図が出るまで押し続けてください」と指示されたといっても、従わなかったら罰則を科せられるわけではない。とすれば、目の前の人が苦しんでいたら、電流を止めるのが常識的な人間の対応だろう。ところが、匿名の2人は顔も名前もわからないのをいいことに、どんどん冷酷さを強めていったわけだ。

このように、人間の心には匿名性を与えられると他人を容赦なく攻撃するという「闇」がある。ジンバルドーは、その闇がもたらす危険性をインターネットが存在しなかった半世紀前から予見していたのである。

赤ん坊50人が1年で死ぬ実験

もうひとつ、現代の病理に繋がる心理実験の話をしよう。その実験というのは、およそ800年前に神聖ローマ帝国ホーエンシュタウフェン朝の皇帝、フリードリヒ2世が行った「ネグレクト実験」である。

新型コロナのパンデミック以降、我々は他人と接するときにはマスクの着用を余儀なくされていた。それは大人にかぎった話ではなく、幼稚園児などの小さな子供も同様だ。ところが、その幼稚園で「食事の時間に先生がマスクを外すと子供たちが泣き出す」という事例が相次ぎ、問題になっている。

なぜ泣き出すのかというと、子供たちは物心ついた時からマスク姿の先生しか見たことがなく、マスクを外して別人となった先生の顔は「怖い人」に見えてしまうからだ。この話を聞いた時に思い出したのが、フリードリヒ2世の「ネグレクト実験」だった。

ネグレクトという名称からもわかるように、この実験をひと言でいえば、赤ん坊に対する虐待にほかならない。当時のヨーロッパは捨て子が多く、そうした赤ん坊は修道院などの施設で修道士や看護師が育てていたという。それを見たフリードリヒ2世は、まず修道士たちに口を布で覆うように命じ、そのうえで赤ん坊の世話をするときに「目を見てはいけない」「笑いかけてはいけない」「語りかけてもいけない」「ふれあいをいっさいしてはいけない」と命令したのである。

フリードリヒ2世がこの実験を行った理由は、「成長した赤ん坊がどんなことをしゃべるのか」という疑問にあったとされている。しかし、フリードリヒ2世の疑問が解消されることはなかった。なぜなら、この実験の対象とされた約50人の赤ん坊は、満1歳を迎える前にひとり残らず死んでしまったからである。

1933年生まれで現在も存命中の心理学者のフィリップ・ジンバルドーは、スタンフォード大学の名誉教授でもあった

心理学者のルネ・スピッツも、第二次世界大戦後のスイスで同じような人体実験を行っている。戦争で孤児となった55人の赤ん坊を被験者に、話しかけたり笑いかけたりするスキンシップをいっさいしないと「どのような人間に育つのか」を実験したのだ。

そしてその結果は、フリードリヒ2世

が行ったネグレクト実験と、ほとんど変わらないものだった。被験者となった55人の赤ん坊のうち、27人はわずか2年以内に死んでしまい、17人が成人する前に死亡し、残りの11人は成人後も生き続けたものの、その大半に知的障害や情緒障害が見られたというのである。

赤ん坊に話しかけたり笑いかけたりするスキンシップは、免疫力を高め、成長ホルモンの分泌などを促すうえで極めて重要だ。このままコロナ禍が収束しなければ、「人間の心に必要なもの」が失われていくかもしれない。その危険性は十分にある。

闇の世界史のなかに閉じ込められた冷酷な心理実験・人体実験は、たしかにおぞましいものばかりだ。しかし、けっして目を背けてはならない。そこには現代に通じる人間社会の病理が横たわっているのである。

世界ミステリーch（せかい・みすてりー・ちゃんねる）
登録者数約30万人（2023年5月現在）。「物事を多角的に捉えて気づきのヒントになる動画」をコンセプトに、世界の歴史を中心とした神話、伝説、宗教にまつわる動画を展開。ペストマスクをモチーフにした怪しげな仮面とハットがトレードマーク。専用アプリ「世界ミステリーch：ANNEX」でも動画を配信中。

「元気ですかー!!」＝「カク・デーラ」＝「巨大核兵器」を暗示

ロシアの核使用を予知したために「猪木はFSBに暗殺された」説

文／広田こうじ

ソ連の核兵器が世界に脅威を及ぼす

２０２２年10月1日に79歳で死去したアントニオ猪木。３年前に難病を発症して以降、激痩せした姿をＹｏｕＴｕｂｅ等で見せていた。そんな猪木の死に、ある疑惑が持ち上がっている。元プロレス団体関係者Ｎ氏が重い口を開く。

「猪木さんはＦＳＢに暗殺された可能性があります」

ＦＳＢ（ロシア連邦保安庁）といえば、暗殺や破壊活動も行うロシアの情報機関である。猪木がＦＳＢに暗殺されたとは信じがたいが、その理由についてＮ氏はこう続ける。

「猪木さんは、80年代にモスクワを何度も訪れていて、政権幹部との親交もありました。ソ連の内情に精通していたことから、当時からソ連の核兵器が将来世界に脅威を及ぼすと察知していた。そのタイミングでの猪木さんの死は、それを知ったＦＳＢによる病死に見せかけた毒殺だった可能性もあります」

また、超常現象に詳しいスポーツ紙記者はこう語る。

「猪木さんにはある種の予知能力があったようで、その能力で知人をよく驚かせていました。ロシアが核兵器を使用することを予知していたのかもしれません」

「1、2、3、ダー!!」の数字は日付を指す

猪木に予知能力があったとは驚きだが、核兵器の使用については、ウクライナ侵攻で劣勢となったロシアのプーチン大統領の発言からも現実味を帯びている。さらに、同記者はこう続ける。

「猪木さんといえば、『元気ですかー!!』のフレーズで有名ですが、実は暗号が隠されています。『元気ですかー!!』はロシア語で『カク・デーラ』と発音しますが、〝核〟と巨大を意味する方言の〝でら〟、つまりロシアの巨大核兵器「ポセイドン」を暗示しているのです。

それから、『1、2、3、ダー!!』の数字は日付を指しており、2023年の12月3日、もしくは2024年の1月23日に、プーチンが核スイッチを『ダー!!（打）』とすることの暗示でしょう」

強引にすぎる仮説だが、絶対にないとも断言できないほど、ウクライナ侵攻は混沌とした状況にあるのも事実。

ポセイドンは世界最大の原子力潜水艦搭載の大型核魚雷で、広島型原爆の約130個分の威力といわれる。放射能汚染された500メートル級の津波を起こすことができ、ポセイドンに狙われた都市は完全に死滅するという。今回ばかりは猪木の予知能力が外れてくれることを祈るばかりだ。

第三章
超古代文明&超科学のタブー!

都市伝説・考察系YouTuber「イチゼロシステム」が語る

400万年前に存在した「超高度文明」は「ディノサウロイド」(恐竜人間)がつくった!

英国のSFドラマが原点 「サイルリアン仮説」とは

英国BBCのドラマ『ドクター・フー』をご存じだろうか。1963年に始まった世界最長のテレビドラマシリーズのひとつであり、異星人が宇宙と時空を自由に行き来して旅するカルトSFドラマである。

このドラマには「サイルリアン」というディノサウロイド(恐竜人間)に似た外見の知的生命体が登場する。サイルリアンは人類誕生よりはるか昔に地球に生息していた高度な生命体で、約4億5000万年前に工業化社会を築き上げたとされている。

もちろん、これはSFドラマに描かれた架空の話にすぎない。しかし、人類誕生よりも前に別の知的生命体が存在し、工業化を成し遂げていた可能性がゼロかといえば、実は決してそんなことはないのだ。その可能性を「サイルリアン仮説」という。

具体的には、初期の人類であるアウストラロピテクスの誕生よりもっと昔の時代、

「400万年前から2億数千万年前」の出来事とされている。

400万年以上前に栄えた高度文明のことを指す仮説で、時期的には「400万年以上前というのは、仮に高度文明が栄えていたとしても、その痕跡がほとんど残っていないことを意味する。人類が後世に残す痕跡を研究しているNASA（米国航空宇宙局）の気候科学者ギャビン・シュミット博士とロチェスター大学の天体物理学者アダム・フランク教授によれば、我々の祖先であるホモサピエンスが活動していた痕跡をたどることができるのは約250万年前までだという。

例えば、恐竜が地球上に生息していた期間は1億年以上に及ぶが、これまでに全身の化石はわずか数千体しか発見されていないのだ。1億年以上で数千体なのだから、現生人類が地球上に現れてからの数十万年という期間では、化石として残ることは考えづらい。ほとんど残らないと考えるほうが自然だろう。

建造物や機械、道具、日用品などの消費財の痕跡が見つかる可能性も低い。こうした人工物は長期にわたって痕跡が残るものではないうえ、そもそも地球上で都市化されているのは表面積の1％にも満たないのである。

つまり、今から400万年以上前に文明が栄えていたとしても、その存在を示す「直接的な証拠」が見つかる可能性はきわめて低いということだ。

そう聞くと「痕跡がないなら嘘だ」と思うかもしれない。しかし、証拠がないのは、逆にいうと文明が存在しなかった証拠もないということだ。その点がアトランティスやムー大陸といった比較的近い時期の超古代文明と大きく異なる部分だろう。痕跡がないからこそ、仮説の可能性が増大するのである。

恐竜から進化を遂げた知的生命体「恐竜人間」

人類以前に工業化を成し遂げた生物が存在したとしたら、それはどのような知的生命体なのか。前述のドラマ『ドクター・フー』で描かれたサイルリアンは、爬虫類のような外見をしている。とすれば、まず6600万年前から2億3000万年前の恐竜時代に高度文明が起こった可能性が考えられる。

その場合、真っ先に思いつくのは冒頭で触れた「ディノサウロイド」だろう。ディノサウロイドとは、トロオドンなどの知能が高かったとされる恐竜をモデルに、1982年にカナダの古生物学者デイル・ラッセルによって提唱された「恐竜人間」のことだ。

トロオドンは、全長1・5メートルから2メートル程度の大きさの二足歩行する獣脚類である。しかし、華奢な体のわりに大きな頭蓋骨を持ち、中生代で最も賢かった生き物といわれている。

また、トロオドンは三本指の手（前肢）で「持つ・つかむ・握る」といったことのできる器用さがあり、正面を向いた大きな目は、その配置から考えて立体視（立体的な視覚）が可能だったと推測されている。

仮に恐竜がおよそ６６００万年前に絶滅していなければ、トロオドンのような二足歩行する獣脚類は、ヒトによく似た性質や特徴を持った知的な生物に進化していたかもしれない――。ラッセルはさまざまな考察からそのように推測したのである。

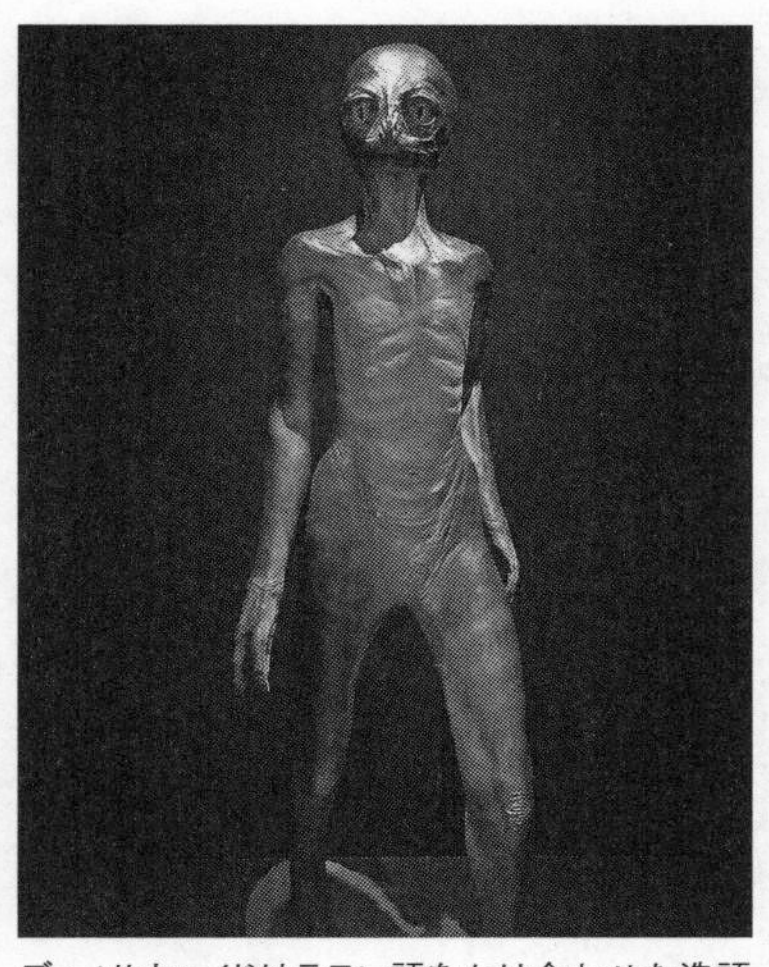
ディノサウロイドはラテン語をかけ合わせた造語で、正確には「恐竜のようなもの」を意味する

もっとも、ラッセルが行った考察は、人類が生まれるのに費やした時間や環境、つまり「時期」をモデルにしている。恐竜時代にはまだ文明を築くほどの知的生命体は地球上に存在しようがなかった

という前提に基づいているわけだ。しかし、その考え方は率直に言って「哺乳類でなければ高度な文明を築くことなどできない」という思い込みにすぎない。

多くの人は、爬虫類からネズミのような初期の哺乳類、さらに大型の哺乳類と、段階を経ないと高度化した生物にならないと考えるが、哺乳類でなければ文明を起こすことができないわけではない。

たしかに、かつて恐竜は下等な変温動物と考えられていた。ところが、その後、恐竜は哺乳類と同様の恒温動物だとする学説が登場し、最近ではかなり高度な生物だったことが明らかになりつつある。なかには高い社会性を持った恐竜も存在したといわれている。

サイルリアン仮説において工業文明が起こったとされるのは400万年以上前だ。この400万年というのは、人類の祖先が直立二足歩行を始めたか、その直前くらいの境目の時期に当たる。このとき人類の脳の容量は500ccにすぎなかったが、いま我々の脳の容量は1400ccにまで増えている。生物は400万年あればそこまで進化するということだ。

すでに高度な生物だったと考えられる恐竜をベースとし、哺乳類にステップアップせずに進化していった生命体が存在したとするなら、人類と同等の文明を築いてもまったく不思議ではないのだ。

高度な知能を持つ鳥類　知的生命体の正体は「鳥人間」？

さらにいえば、高度な文明を起こす知的生命体は人間のような直立二足歩行である必要もない。

よく聞くロジックに「人間は直立二足歩行だから、脳が大型化した」というものがある。樹上生活をしていた類人猿が平地に下り、二足歩行を始めたから、重たく大きな脳を支えることが可能になった——。直立二足歩行こそが「脳の進化条件」という見方だ。

ところが、直立二足歩行でなくても、高度な脳機能を獲得することは可能なのである。わかりやすい例が、恐竜を祖先に持つ鳥類だろう。

卵を産む卵生の鳥は、進化の遅れた下等な動物と思われがちだ。鳥のなかでも賢く高い知能を持つオウムでさえ、脳の大きさはクルミほどしかない。しかし、脳を構成する神経細胞のニューロンの密度は、一般的な哺乳類の4〜5倍ある。

さらに、オウムは言葉を話すことができ、計算能力もあり、人間のような論理的思考もできる。道具を使うことも可能だ。しかも、鳥は脳に酸素を供給するための呼吸能力がズバ抜けて高い。はるか昔に工業化を成し遂げたのは「鳥人間」だったと考えることもできるのだ。

サイルリアン仮説は、2億数千万年前から400万年という圧倒的に長い期間に起きた文明である。我々人類がすべての生物のなかで飛び抜けた存在になるのに必要とした年月が400万年という時間であったことを考えれば、その間に別の知的生命体が高度な文明を起こすタイミングは何度もあったはずだ。

そう考えると、人類以前に高度文明が存在していた可能性は非常に高いといえる。少なくとも、存在しなかったと証明することは誰にもできないのである。

イチゼロシステム（いちぜろしすてむ）

チャンネル登録者11・2万人（2023年5月現在）の都市伝説系YouTuber。チャンネルの中心人物である「ゆうさん」の素直な物言いとわかりやすい解説に定評がある。都市伝説から宇宙、テクノロジー、社会システムまで、扱うテーマはかなり幅広い。毎週金曜日にライブチャンネル「イチゼロライブ」を配信中。

都市伝説・考察系YouTuber「天日矛」が語る

宇宙人は人類の敵か味方か？人間の前に姿を現さない本当の理由

就寝中に布団を引っ張る、5歳児くらいの背丈の「何か」

宇宙人の存在を否定する人々が「宇宙人がいるなら、なぜ堂々と姿を現さないのか」という疑問を投げかけてくることがある。本稿で触れる内容は、この疑問に対する答えのヒントになるかもしれない。そこでまずは〝宇宙人コンタクティ〟、あおいさんのエピソードを紹介しよう。約10年前に、あおいさんが体験した出来事だ。

ある夜、就寝中の彼女は、自分の布団を何者かが引っ張っている感覚に襲われた。それ以降、毎晩のように布団を引っ張られ、ときには布団が宙に浮かぶこともあったという。初めは恐怖を感じていたあおいさんも、1カ月まともに眠れていなかったため、ある日、現れた何者かに怒りを覚え、心の中でこう叫んだ。

「もういいかげんにして！」

起き上がった彼女が、布団が引っ張られる方向に目を向けると、そこには5歳児くらいの背丈の〝何か〟が立っていたという。つるんとした顔には目と鼻はあるが口はなく、異常に長い手の指と骸骨のように細い体。宇宙人の種類でいえば〝グレイ〟に最も近い容姿だったという。

あおいさんは、明らかにこの世のものではない〝ソレ〟を見ても「なぜか恐怖を感じなかった」と話す。そして宇宙人らしき生き物と対峙(たいじ)している間、自分であって自分でないような感覚に陥ったという。「なぜ宇宙人がここにいるんだろう」と考える一方、それと〝会話〟をしている自分がいたのだ。

彼らは、あおいさんの頭の中に〝テレパシー〟で直接語りかけてきた。カタカナのような文字が左から右へと流れ、あおいさんはその内容を理解していた。しかし彼女の記憶は途切れてしまい、会話の内容は覚えていないという。

その後、あおいさんは自室の窓から〝UFOらしき光や音〟を3回ほど目撃したが、心の中で「もう来ないで！」と叫ぶと、音と光は遠ざかっていったという。以来、何事もなく10年の月日が流れた。

ヒューマノイド系宇宙人には「光の存在」と「闇の存在」が

あおいさんが出会ったと思われる〝グレイ〟は、我々地球人と同じヒューマノイド系宇宙人に分類される。地球人よりもはるかに進化した科学技術を持つグレイには、地球人との共存共栄を望む〝光の存在〟と、我々の正しい進化を邪魔する〝闇の存在〟がいる。ちなみにここでいう光と闇は、宗教的な善悪ではなく、地球人の〝正しい進化を助けるか否か〟を意味している。私の個人的な解釈だが、光の存在は我々に過度な干渉をせずに正しい進化を促す宇宙人。一方、我々の意向に関係なく、地球人を誘拐したり、人体実験を行ったりする宇宙人を闇の存在と捉えている。それでは、あおいさんが出会った宇宙人は光と闇、どちらの宇宙人なのだろうか。

霊視鑑定師の南風さんに彼女をリーディングしてもらうと、新たな真実が見えてきた。南風さんによると、彼女のもとに訪れた宇宙人たちは、あおいさんの仲間だという。彼女の過去世のスピリットはグレイ系の亜種で、仲間は今も彼女を見守っている、と南風さんは語る。するとあおいさんも、長年の疑問が解消されたように「幼い頃から〝人間である自分〟に違和感があった」と返した。そして南風さんはリーディングの結果、「彼らがあおいさんにコンタクトを取った目的は、地球人の生態調査にある」という答えを導き出した。彼らは地球人との共存共栄を望み、地球人の生態を知るために、同じスピリットを持つあおいさんから、情報を得ていたというのだ。

そしてカギを握るのは、あおいさんがコンタクトを拒むとアプローチをやめている点。彼女の自由意思を尊重した彼らの行動は、過度な干渉を避けている印象だ。地球人に干渉しすぎることは、かえって私たちの正しい進化を阻害してしまうためだろう。

宇宙人たちは、そうした彼ら独自のルールにのっとって私たちにコンタクトしている。それこそが、地球人の前に姿を現せない理由なのではないだろうか。あおいさんにコンタクトしてきた宇宙人は、あおいさんの意思を尊重していることから、〝光の存在〟の宇宙人である可能性が高い。

あおいさんに接触してきたのは、地球人の正しい進化を促すため？

あおいさんが宇宙人との交流を断ってから10年。彼女が私の『天日矛チャンネル』を見るようになってから、再び不思議な体験をする機会が増えたという。そのうちのひとつが、〝小さな足跡〟だ。マンションの12階にあるはずの彼女の実家のベランダに、奇妙な足跡が残されるようになったという。その他にも、あおいさんが撮影した月蝕の写真にUFOらしきものが写っていたり、実家を訪れたあおいさんがインターホンを押す際、彼女の背後に目が大きな人影のようなものが映っていたり……。あおいさんが自ら宇宙存在に興味を持ったことで、彼らが〝接触〟できる範囲が広まったのかもしれない。

話はこれだけでは終わらない。私は昨年末、ダリル・アンカ氏と対談する機会を得た。彼はチャネリングで宇宙存在のバシャールを降ろし、宇宙の真理にかかわる事柄を発信している人物だ。バシャールは今、私たちと同一の宇宙空間に存在しながら〝時間〟は共有しておらず、遠い未来にいるという。つまり、バシャールはダリル・アンカ氏の〝来世の姿〟でもあるのだ。さらに踏み込むとバシャールとはエササニ星に住むエササニ星人であり、このエササニ星人はグレイ系宇宙人と、我々ヒューマノイドのハイブリッドといわれている。

母と一緒にあおいさんが目撃したUFOらしき飛行物体。月の左上を浮遊していたという（あおいさん提供）

これらから予想できるのは、人類の進化の過程でグレイ系の遺伝子が掛け合わさってエササニ星人が生まれる未来だ。そのすべての始まりが、あおいさんとグレイ系宇宙人の交流にあるように思う。

私がバシャールと対談する少し前に、宇宙人との交流を再開したあおいさんから一本のメールが届いた。なんでも、彼らのメッセージのなかに「エササニ」という言葉が含まれていたというのだ。ちなみに彼女は、バシャールの存在を知らない。にもかかわらず「エササニ」という単語が出てきたのだ。彼女とエササニ星をつなぐ〝強大な意思〟を感じざるを得ない。そしてあおいさんの話を聞き、バシャールと対談をした私もまた、大きな流れのなかにいる。

今、私たち地球人は、さまざまな難題を前に変革期を迎えている。地球人の正しい進化を促す存在とのコンタクトは、明るい未来を迎える一助となるはずだ。

天日矛（あめの・ひほこ）
チャンネル登録者9・64万人（2023年5月現在）の啓蒙YouTuber。未来人との遭遇やパラレルワールドをはじめ、明晰夢、仮想現実、AI、さらには宇宙人とコンタクトする方法まで幅広い分野を扱うが、テーマとしているのは「心眼を養う力」。独自の世界観で真理にアプローチする。前世は月堂圓心（室町時代の臨済宗建仁寺派の禅僧）。

「宇宙人との密約」の露見を恐れ、アメリカはすべての公開は断念

「宇宙人」が地球にいる情報を〝日本が〟世界に完全公開する日

文／神野 悟

144件のUFO現象を公開

2017年12月、米国防総省で極秘のUFO研究プロジェクトを指揮していた元責任者が、空軍の戦闘機が遭遇したUFO映像を公開したことを発端にして、米政府は軍が遭遇したUFO映像を次々に情報公開している。

2022年5月17日には、アメリカの下院情報特別委員会が、UFOに関する公聴会を約50年ぶりに開催し、国防総省の情報担当の幹部らによって、米軍の航空機を丸い物体が猛スピードで追い抜いていく不可解な映像などが公開された。

米政府は、2004年以降に軍のパイロットが観測した144件のUFO現象についての報告書を公表しているが、しぼんだ気球を見間違えたと判断された1件を除く残りの143件は、それが何なのか、まったく説明できないとしている。宇宙人の乗り物だとは明言していないが、米軍の技術を凌駕する極秘の飛行物体を他国が開発し

ている確率はゼロに近く、１４３件のすべてを未知の自然現象であると考えるのも不自然だろう。

〝異形〟の宇宙人登場で、聖書の設定が崩壊

もはやオカルトの領域から脱したＵＦＯや宇宙人の存在だが、ここに来てアメリカが急速に情報公開を進めるようになったのはなぜなのだろうか。ＵＦＯ研究家はこう考察する。

「はっきり言えば、このネット時代に、いよいよ隠し切れなくなったというのが正直なところでしょう。また、昨今の地球のクライシスで、宇宙人の来訪の頻度が増しているということもあるかもしれません。かねてより巨大地震や原発事故などの地球の危機の際にはＵＦＯの目撃情報が増えましたが、現在はさらに危機的な状況にあるということです」

では、実際のところ、当の米政府はどこまで知っているのだろうか。

「認めていませんが、すでに宇宙人とコンタクトをとっています。エリア51をはじめとした米軍基地の地下には、墜落したＵＦＯや宇宙人らを研究する施設が存在し、宇宙人のテクノロジーも習得しています」（同前）

そこまで知っているならば、すべてを明らかにすればいいのにと思うだろうが、それができない事情がアメリカにはあるようだ。

「やはりパニックが起こるのを懸念しているのでしょう。穏やかな人間型の宇宙人が現れればマシですが、公になる宇宙人が、巨大イカのような多足生物だったらどうでしょうか。前向きに受け入れることは難しいでしょう。また、キリスト教やユダヤ教、イスラム教などの一神教の人々にとっては、宇宙から神のごときテクノロジーを持った〝異形〟の宇宙人が現れれば、『神様が自分に似せてつくった人類』という聖書の設定が崩壊してしまいます。築きあげてきた２０００年の歴史が、すべて無に帰すに等しいのです」（同前）

誘拐や遺伝子操作を黙認する密約

そして、さらに大きな問題は、アメリカの過去の「密約」だという。

「実はアイゼンハワー大統領時代に、宇宙人から反重力システムなどの〝超技術〟の提供を受ける取り引きが行われていたのですが、米政府側の取り引き材料が、地球人へのアブダクション（誘拐）や遺伝子操作を黙認するという密約だったのです。これが公になれば人類への背信として糾弾されることは間違いありません。アメリカ人以外のアブダクションに、アメリカが独断で許可を出したわけですから、諸外国から天文学的な損害賠償を請求されることになるでしょう。そのうえ、肝心の超技術提供の約束は宇宙人から反故にされたといいます。この事実を世界に知られれば、国際社会から完全に排除されます」（同前）

たしかにこれだけの秘密を抱えていれば、アメリカが完全な情報公開に二の足を踏むのは理解できる。そうなると、アメリカ以外で、かつ非一神教国家が完全な情報公開を行うことが必要ということだろうか。

「そのとおりで、欧米やイスラム圏内では、価値の大崩壊が起こる一方、多神教で、万物に魂が宿っているというような宗教観を持っている日本人には、価値の崩壊は関係なく、たとえ〝異形〟であっても自然に宇宙人の存在を受け入れることができるはずです。日本人が率先して政府を突き上げ、アメリカから情報公開を引き受けさせ、宇宙人の正体の完全公開を先頭に立って行うべきなのです」（同前）

宇宙人の正体を明らかにする鍵となるのは、日本なのか。すべてが公になる日を待ち望みたい。

NASAが秘密裏に準備する迫りくる宇宙戦争

「Dave Fromm」が大解剖

UFOの機密情報を見たハッカー

２０２１年６月、米政府は２００４年から２０２１年にかけて米軍が撮影した動画をはじめ、UFO（未確認飛行物体）の目撃情報１４４件の分析結果を公表したが、およそ10ページほどの文書はお粗末そのものだった。「１４４件のうち１４２件がうまく分析できなかった。ロシアや中国の新兵器の可能性があるので、今後も継続して調べる」という、中身のまったくない予定調和な内容だったのである。

「米政府がUFOの存在を否定しなかった。これがUFO研究が本格化する第一歩だ」と、好意的に評価する向きもあるようだが、米政府の公表を素直に信じすぎではないだろうか。

米政府は、公表している内容よりも遥かに詳細なUFOに関する情報を掴んでおり、宇宙人との戦争に備えた軍隊すら保持している。この事実を白日の下にさらしたのが、イギリス在住の天才ハッカー、ゲイリー・マッキノンである。

マッキノンは2002年から数年間、NASAのコンピュータをハッキングし、米政府が国民にひた隠しにしているUFO情報を目にしたとされている人物だ。その後、米政府にハッキングが見つかり、数年間の自宅軟禁生活を命じられ、コンピュータも取り上げられることになり、現在はイギリスで不自由な生活を強いられている。

そもそもマッキノンがNASAにハッキングを仕掛けようと思い立ったきっかけは、UFO関連機密情報の公開を推進する団体、「UFOディスクロージャー（暴露）・プロジェクト」に関係している。2001年の5月9日、同プロジェクトは、およそ20名の軍・企業・政府関係者を集めた記者会見を行ったのだが、登壇者の一人であり、元NASAの女性職員、ドナ・ヘアーの証言がマッキノンに衝撃を与えたという。

マッキノンの心を揺るがした、ドナ・ヘアーの証言はこうだ。ドナは、NASAの施設で月面着陸に関するイラストを描いたり、人工衛星から撮影した写真をきれいに補正する仕事を1960年代から15年ほど行っていた。ある日、間違って立ち入り禁止の部屋に入ってしまうと、同僚がパソコン画面に向かい合っていたという。画面をよく見たところ、同僚は衛星から撮った写真に写り込んでいるUFOを（デジタル）エアブラシで消していた。驚いた彼女がすかさず事情を訊くと、「これを消してから一般に公表するんだ。こんなの日常茶飯事だよ」と事もなげに告げられたのだ――。

ドナは2001年の記者会見で、この逸話を披露するとともに、当時勤めていたNASAのセクションや建物なども公表。それを見たマッキノンは、試行錯誤の末、ドナが働いていたビルのコンピュータにアクセスすることに成功した。そこから1年近くハッキングし続けた結果、ドナが記者会見で証言した、スタッフによってエアブラシで消される前のUFOの写真を発見したのだ。それも1枚どころか大量にである。

当時を振り返り、マッキノンはこんな証言をしている。「ドナ・ヘアーの証言がでっち上げではないのがよくわかった。葉巻型の宇宙船が写っている写真をこの目で見たからね。他にもエアブラシで消される前の写真がたくさん出てきたよ」

さらにNASAが管理しているスプレッドシートにアクセスしたところ、そこには目を疑うような内容が書かれていた。シートのタイトルは「Non terrestrial officer」。直訳すると「地球外士官」。シートには、地球に存在しない軍隊及び司令官の名前が、ズラッと20～30人列記されているではないか。通常、アメリカ軍の士官であれば、陸海空軍のどこに所属していて、どの役職なのかといった情報はオープンになっており、すぐに調べられるのだが、このスプレッドシートに記載されていた士官の名前は誰一人としてアメリカ軍が公表している情報にはなかった。

スプレッドシートには艦隊の名前も記されてあったが、当然そちらもアメリカ軍が開示している情報には見当たらない。つまり、マッキノンがハッキングを試みた2002年の時点で、アメリカ軍は宇宙戦争に備えた組織を保持し、国民には秘密で運営していたことになる。2019年、ドナルド・トランプ前大統領が「宇宙軍」の創設を指示したというニュースが話題を集めたが、その約20年前から宇宙軍に類する組織はすでに存在していたわけだ。

大統領ではなく軍が支配する体制

アメリカのスタンダップコメディアンの間でよく使われる、こんな小話がある。大統領に選出された次の日、とある豪邸の暗い部屋に連れて行かれると、そこには十数人の男たちが大きなテーブルを囲んで葉巻を吸っている。そこで就任直後の大統領はジョン・F・ケネディが暗殺される映像を観せられ、観終わると男たちに声をかけられるのだ。「お前、ちゃんとわかってるな」と。

ちなみに、最短で4年の任期しかない大統領は、アメリカという大きな組織のなかではせいぜい係長クラス。「軍産複合体があまりにも力を得ているから今後気をつけろ」という退任スピーチを残したアイゼンハワー以降、志のあるまともな大統領は存在しておらず、すべて裏組織の操り人形にすぎない。第二次世界大戦以降、大統領ではなく軍が国を支配する体制はより顕著になってきているのだ。

閑話休題。ゲイリー・マッキノンは存命している。ただし、彼が目にした情報はアメリカ軍によってすべて封印され、残念ながら我々が見られるような形では残っていない。アメリカ政府は当初、マッキノンをイギリスから引っ張り出して裁判にかけたかったようだが、それによって、マッキノンが仕入れた極秘情報や、天下のＮＡＳＡが一介のハッカーに情報漏洩を許したという事実が公になるのを恐れた。現在となっては無理に引き渡しを要求するのではなく、放っておいて、世間が忘れるのを指をくわえて待っているといったところだ。

米政府が公表したＵＦＯに関する報告書に、疑いを持つ人は多いだろう。政府が本当のことを隠し続ける以上、我々はマッキノンのように法を犯してでも真実を明らかにする、気概にあふれたハッカーの登場に期待するしかないのではないか。

Dave Fromm（でーう゛・ふろむ）
１９５９年生まれ。アメリカ出身。ラジオＤＪやナレーター、ファッションモデルを務めるマルチタレント。ＹｏｕＴｕｂｅチャンネル「Dave Fromm Channel」では、秘密結社、ＵＦＯ、暗号通貨など多種多様な陰謀やオカルトに関する熱いトークを、ゲストを招き展開している。InterFM897にて、ラジオ番組「The Dave Fromm Show」のパーソナリティを18年以上務める。

「天日矛」が大解剖

〝パラレルワールド〟からやって来た未来人が大予言

2062年から来た「未来人」

あなたが少しでも都市伝説や超常現象について興味を持っているなら、「ジョン・タイター」という名前を聞いたことがあるはずだ。2000年11月にアメリカの超常現象関連のネット掲示板に突如現れ、「名前はジョン・タイター。フロリダ出身のタイムトラベラーで、2036年から来た」と自らを語った世界的に有名な「未来人」である。ジョン・タイターがBSE（牛海綿状脳症）の発生やイラク戦争の勃発などの予言を的中させて世界中を驚かせて以降、ネットの世界では「未来人」を名乗ることが一種の流行となった。つまり、タイターの真似をする一般人の書き込みが大量発生することになったのだ。

そのため、日本の巨大匿名掲示板「2ちゃんねる」（現・5ちゃんねる）のオカルト板に「未来人」を名乗る書き込みがあっても、都市伝説界隈の住民たちの反応は極めて冷淡なものだった。「どうせ釣りだろ」「2ちゃんねるに本物が現れるわけがない」と、最初からニセモノ扱いして相手にしないのが常だったのである。

しかし、そうしたなかでも私が「本物に違いない」と確信している未来人がいる。その本物こそ、約13年前の２０１０年11月14日に2ちゃんねるのオカルト板に現れ、「２０６２年の未来からタイムマシンでやってきた」と名乗った人物にほかならない。

この略称「２０６２年の未来人」は、それまで、あるいはそれ以降にネット上に現れては消えていった有象無象のニセモノたちと明らかに違っていた。なぜなら、２０６２年の未来人は、ジョン・タイターと同様に、これから日本で発生する自然災害や世界情勢の変化を正確に予言し、その予言がのちに90％以上の高い確率で的中していたからである。

ＵＦＯは未来人のタイムマシン

たとえば、その予言のひとつに東日本大震災にともなって発生した津波がある。知ってのとおり、２０１１年3月11日に東北沿岸部を襲った高さ約16メートルにも達する巨大津波は、どの専門家も事前にまったく想定していなかった、とてつもない規模だった。ところが、２０６２年の未来人は、この巨大津波の発生をまるで予期していたかのように、東日本大震災が起きる4カ月前の時点で「山に登れ」とネット民たちに対して鋭く警鐘を鳴らしていたのである。

自然災害に対する予言はそれだけではない。この未来人は、2062年から仲間とともに2010年の日本を調査するためにやってきたと自己紹介していたのだが、「今回の任務が完了したら、今度は2016年4月15日にいく」とも語っていた。実をいうと、「2016年4月15日」というのは熊本地震の本震が発生した前日にあたる。巨大津波を予言したうえ、次に未来からやってくる予定日が熊本地震の前日というのは、単なる偶然にしては出来すぎだ。これは災害被害を少なくするために未来人が発したメッセージだったと考えるのが自然だろう。

だとすると、そもそも「未来人」は本当に存在するのか。タイムマシンに乗って現在から過去へと旅することは可能なのか。

2062年の未来人によると、タイムマシンには翼がなく、楕円形の外観をしているという。要は「UFO」型である。

UFO自体は、アメリカ国防総省も映像を公開してその存在を公式に認め、専門チームを立ち上げて何年も前から本格的な調査を行ってきた。イージス艦の乗組員など、多くのアメリカ海軍関係者も楕円形をした謎の飛行物体を目撃したことをメディアで証言している。ＵＦＯが本当に存在するかどうかに疑問を挟む余地はない。

さらに、ＵＦＯに関しては、これまで漠然と「宇宙人の乗り物」として語られるケースが多かったが、実はそうではなく、現在から過去に行くための移動ツールだと考えれば未来人の存在も納得しやすい。つまり、ＵＦＯとは「タイムマシン」のことなのだ。

ただし、過去に戻るタイムトラベルを実現するのは容易なことではない。科学分野の技術革新は量子コンピュータやＡＩによって飛躍的な進歩を遂げており、タイムトラベル自体は実現可能とされている。光よりも速いスピードで移動する飛行物体があれば、未来に行くことはできるのである。

しかし、空間が単一で、時間が過去・現在・未来と直線的に流れているとした場合、タイムマシンで過去に戻ろうとすると、様々なパラドックス（背理、逆理、逆説）を引き起こすことになる。その最たるものが「親殺しのパラドックス」だ。

仮にタイムマシンに乗って過去に戻り、のちに自分の父親となる人物を母親と出会う前に殺してしまったらどうなるか。当然ながら、父親を殺すと自分自身もこの世に存在しなくなる。そうなると、タイムマシンで過去に戻り、父親を殺すことができなくなるという矛盾が生じるのだ。このパラドックスを解決してくれるのが、「多元宇宙論」という理論物理学による仮説である。

宇宙は「並行世界」で成り立つ

多元宇宙論とは、宇宙は単一ではなく無数の並行宇宙から成り立っているという考えのことだ。ある人がタイムマシンに乗って戻った過去が元の世界とは異なる並行世界、つまり「パラレルワールド（並行世界）」だったとすると、〝世界線〟が違うのだから父親を殺しても自分は存在し続けることができる。異なる未来となっても、なんら問題は生じないのだ。

この多元宇宙論をめぐっては、前述のジョン・タイターも「元の世界」と「自分がやってきた世界」は世界線が異なると説明していた。現在から過去へと戻ることのできるタイムマシンが存在するとすれば、宇宙は無数の「並行世界」による多元宇宙で成り立っているということになるのである。

過去に戻る方法については、おそらくＳＦ映画で描かれる時間旅行のような悠長なものではない、というのが私の考えだ。「フィラデルフィア計画」という有名なアメリカの都市伝説をご存じだろうか。これは、１９４３年にアメリカのペンシルベニア州フィラデルフィアの沖合でエルドリッジという駆逐艦を使って行ったとされているアメリカ海軍のステルス実験のことだ。

ステルスという名でわかるように、もともと実験は駆逐艦が敵のレーダーで発見されないようにすることが目的だったが、「テスラコイル」という高周波・高電圧を発生する磁場発生装置をエルドリッジに照射した結果、２５００キロメートル以上先に瞬間移動したのち、元の場所に戻ってきたのだという。

この原理の精度をもっと高め、高い次元で応用することができれば、時空を瞬間移動するタイムマシンを開発することも十分に可能となるはずだ。むしろ、すでにフィラデルフィア計画から80年近い月日が経過していることを考えると、アメリカ軍の主導のもとで現在の世界でもかなり開発が進んでいてもまったく不思議ではない。２０６２年の未来人も当時、「タイムマシンは複雑ではない」と語っていたくらいである。

こうやって詳しく説明しても、あるいは物的証拠を示したとしても、未来人やパラレルワールドを信じることのできない人はいるに違いない。人間というのはそういうものだ。しかし、パラレルワールドの存在は多くの物理学者や数学者、天文学者たちの興味を惹きつけ、いまも実際に研究されている。現時点では、誰にも存在を否定できないということは覚えておいたほうがいいだろう。

「秘密結社ヤルミナティー」が語る驚異の未来！

5000万年後の人類「マンアフターマン」

未来の人類はどのような姿なのだろうか？　過去の動物の進化に当てはめるなら、人も自然環境に適応し、大きく姿かたちを変えていくことになるに違いない。しかも今後の人類の進化は、いままでのように突然変異の偶然を待つのではなく、遺伝子操作によって意図的に形状や気質の変更が可能になるのだ。そんな人類の進化の行き着く先、5000万年後の人類「マンアフターマン」について、YouTuberユニット「秘密結社ヤルミナティー」の面々に語ってもらった。

文明崩壊後の人類の様々な進化

キリン　おいおいハック。何の本読んでんだ？

ハック　『マンアフターマン』っす。

キリン　マンアフターマン？

ハック　地質学者のドゥーガル・ディクソンが書いた本っす。このタイトルにあるマンアフターマンは、いまより遥か未来の人類が進化した姿のことっす。

キリン　人類が進化した姿だと？

ハック　この本では、自然破壊が進み、文明が崩壊した地球の人類が環境に適応するために、様々な進化を遂げるっす。遺伝子工学による環境の支配を目指した者。地球を捨てて新たに宇宙に住処（すみか）を求めた者。自然と共に生きるべく原始的な暮らしを選んだ者。未来のいろんな人類の進化が見れるっす。

キリン　へぇ～、なんだかエキサイティングぅ～な話じゃあないか！

タブー　ギャパパ!!　俺様どんな進化するのか知りたいぜ!!

ドゥーガル・ディクソン

1947年、スコットランド生まれの地質学・古生物学者。セント・アンドリュース大学にて地質学を学ぶ。出版社勤務を経て1980年よりフリーのサイエンス・ライターとして活躍。過去や現在から進化した、未来の架空の生物を描いた『アフターマン』や、5000万年後までの人類の進化を予測した『マンアフターマン』が有名

キリン　なぁハック！　そのマンアフターマンについて、もう少し詳しく聞かせてくれよ!!

ハック　いいっすよ。

キリン　それじゃあ早速、マンアフターマンについて紹介していくぅ〜!!

水中生活に適応した「水中人間」

キリン　それで？　人類はどんなふうに進化するんだ？

ハック　さっきも言ったとおり人類は環境によって様々な進化を遂げているっす。まず２００万年後の人類は「水中人間」に進化してるっす。

タブー　ギャパパ！　水中人間ってことは水の中にいるのか？

ハック　そのとおりっす。水中人間は、およそ２００万年から３００万年後の汚染された地上を捨てて、海中に住むために遺伝子改造を施された人類っす。そのため水中人間は、魚みたいな頭と流線形の体に滑らかな皮膚、エラ、水かきを持っているっす。

タブー　ギャパパ……なんか魚みてーだな！

ハック　水中で生きることに特化してるっすからね。

タブー　こいつ食ったらうめーのか!?

水中人間

200万年から300万年後に登場。海中で体温を維持するために、遺伝子改造で皮下脂肪を発達させた人類。海中の屈折率に合わせた視力に変化したため、腰のベルトには海上を見るためのゴーグルを装備している。大陸棚で食料を生産して食いつなぐ。自然破壊が進んだゴミだらけの地上の生活に憧れを抱く水中人間はいない。

宇宙人間

200万年後に登場。無重力空間で体内の圧力を一定にするため、球に手足だけが残った体形に進化した人類。宇宙で活動するために必要な4つの肺は、生後すぐに外科手術で取りつけられる。皮膚には宇宙空間を飛び交う高エネルギーの放射線を防ぐ鱗状の外殻をまとい、目は地球からの反照を避けるため、色つきレンズのように進化している。

ハイテック

300万年から500万年後に登場。人類の体内器官は生存に耐えられないほど衰え、ついに人工器官に頼り始める。生殖率は10%まで減少。常に「揺り籠」と呼ばれる機械の中で過ごしており、必死の努力により環境が改善した地上で細々と農業を営んでいる。ハイテックが登場した頃から人間の体内の弱った器官を部分的に代替品と取り替えるための研究が加速する。

チック

1000万年後から5000万年後に登場。衰弱しきった身体部分を、人工的に合成した生体パーツで補って生き延びる人類。顔を除いた全身がシワだらけの肉塊で覆われており、手足は手術で外づけされる。パーツの接合の仕方にも流行があり、現代人のオシャレ感覚で楽しんでいる。

マンアフターマン

5000万年後に登場。地上がゴミだらけになり、生活の拠点を広葉樹の上に移した人類。主に湖で育った濃い青色の藻類を食料とする。身体器官がほとんど衰弱して手足や胴体は小さくなるが、脳だけは現在の10倍の大きさまで成長し、体の大半が脳という姿をしている。脳が異常発達した結果、念力やテレポーテーションなどの超能力を使えるようになる。

ハック　さぁどうなんすかね……？

宇宙活動可能な「宇宙人間」

ハック　それから同じく200万年後の人類の進化先に、「宇宙人間」って呼ばれる人類の姿があるっす。その名前のとおり、宇宙で生活するための進化を遂げた人類っす。宇宙の環境に適応するために、受精卵の状態から化学的及び光学的な改造を受けてるそうっすよ。

タブー　ギャパパ……かがくてき……こうがくてき？

ハック　彼らの持つ奇妙な質感をした外殻は、放射線を遮断し、真空状態の宇宙空間にも耐えることができたり、さらに宇宙の外でも活動するために酸素ボンベの役割を果たす第三の肺と、廃ガスを一時的に貯めておくための第四の肺も兼ね備えているっす。見た目はカエルみたいな体をしてるすっよ。

タブー　ギャパパ！　おめーと同じか！

ハック　冗談きついっす……。あと宇宙人間は、生殖活動ができないそうっすよ？

キリン　なんだってえええ!?　そんなのいやだ!!　俺は絶対宇宙人間には進化しないからな！

体を機械で代替する「ハイテック」

ハック　まだまだ人類の進化は続くっすよ。さらにその後の300万年から500万年後には、「ハイテック」と呼ばれる人類が存在しているっす。

キリン　そいつはどんな進化をしたんだ？

ハック　ハイテックは「体がダメになっても脳さえ生きていれば生き続けるべきである」という絶対的な価値観を持っていて、肉体の機能を停止したとしても、それを代用する機械によって生き続けてるっす。

タブー　ギャパパ!!　サイボーグってヤツか!!

ハック　そのため彼らはメインとなる車のような見た目をした機械と、そこから伸びる頭部が接続されたコックピットのような機械で構成されていて、その姿は生物と呼び難いほど、とても異様っす。

キリン　人間っていうか、ほぼ機械じゃあないか！

タブー　ギャパパ!!　なかなかイカすじゃねーか!!　俺様ハイテックになりたいぜ!!

ハック　え？　マジで言ってんすか？

生体パーツを合成した「チック」

キリン　おいハック、人類はいったいどこまで進化するんだよ？

ハック　まだ進化するっすよ？　さらに1000万年後から5000万年後には「チック」と呼ばれる人類が存在するっす。

キリン　チック？

ハック　さっき話した「ハイテック」が機械の体でパーツを補っているのに対して、チックは人工的に合成した生体パーツを接続するといった進化を遂げた人類っす。そのため二足歩行なのに四本足が生えていたり、上向きの四足歩行でそこから腕が一本だけ生えていたり、いまの人類からは考えられないほどの恐ろしい見た目をしているっす。

タブー　ギャパパ!!　じゃあ俺様も手足をくっつければ進化できるのか!!

ハック　何わけわかんないことばっか言ってんすか……。

人に見えない「マンアフターマン」

ハック　そして、5000万年後の人類は、本のタイトルにもなっている「マンアフターマン」と呼ばれる姿に進化しているっす。

タブー　ギャパパ！　てことは、ついに最終形態か!!

キリン　それでマンアフターマンって、どんなやつなんだ？

ハック　もはやその姿に人間の面影はなく、その筆舌に尽くし難い姿をした彼らは活性力が著しく低下したことで、地上での生活は困難となり、木の上で生活しているっす。さらに肉体単体で生きることができないため、いびつな球体型の生命維持カプセルをまとっているっす。

キリン　いびつな球体型って……ジャガイモみたいじゃあないか！

ハック　どんな表現してるんすか。

タブー　ギャパパ!!　ジャガイモは全然かっこよくねーぞ!!

キリン　おいなんだ!?　つまり俺たちの行き着く未来はジャガイモってことかよ!!!

ＯＨ！　ジーラフ!!

秘密結社ヤルミナティー（ひみつけっしゃ・やるみなてぃー）
株式会社Ｐｌｏｔｔにより制作された都市伝説紹介系ＹｏｕＴｕｂｅチャンネル。ポップなアニメーションで怪談や都市伝説をコミカルに紹介していく。メンバーは、グランドマスターであるキリン。設定上は主人公となっている戦闘員のタブー。キリンとタブーの後輩でヤルミナティーの頭脳を務めるハックの３人。

サイエンス・レスラー「遠藤マメ」が教える

「怖い科学」の都市伝説 生命の「タブー」と「神秘」の謎！

取材・文／遠藤マメ

異種動物間での安全な臓器移植の技術が確立

２０１７年に、東京大学の研究グループが興味深い論文を科学誌『Ｎａｔｕｒｅ』（５４２巻）に発表した。膵臓を欠失したラットの体内にマウスの多能性幹細胞に由来する膵臓をつくり、その膵臓を糖尿病のマウスに移植したところ、成功したというのだ。

ラット（ドブネズミの改良種）とマウス（ハツカネズミの改良種）は、同じネズミでもまったく種の異なる動物同士である。体長もラットは20～25センチ。マウスは５～10センチ。細胞の中にある染色体に遺伝子が存在するが、ラットの染色体は42対。マウスの染色体は40対。つまり、ラットとマウスは完全に種の異なる動物であり、交配して子供をつくることはできない。いわば、人間とチンパンジーのような関係の異種動物である。すなわちこの研究によって、異種動物間での有効かつ安全な臓器移植の技術が確立されたのである。

このような、同じ個体の中に2つ以上の異なる動物の遺伝情報が含まれる動物を「キメラ動物」という。ギリシャ神話に登場する、ライオンの頭、山羊の身体、蛇の尻尾を持つ怪物、キマイラに由来する。

この研究ではラットとマウスのキメラ動物だったが、豚と人間のキメラ動物をつくり、豚の体内で人間の心臓や腎臓を育て、それを人間に移植する計画がスタートしている。臓器不全で苦しみ、移植を待っている患者にとっては大変な朗報であり、研究グループには心からの称讃を送りたい。

人間への臓器移植のためだけにつくられる「キメラ人間」

しかしながら、一部の研究者はこの研究が進んだ先に「恐ろしい未来」が到来することを懸念している。人間の脳、精子、あるいは容姿を持つ「キメラ動物」が誕生するのでは、と恐れているのだ。

もし、人間の容姿、たとえば人間の顔を持った猿や豚などのキメラ動物が誕生したら……。現在も、一部の動物愛護団体が先鋭的な活動を繰り返しているのは周知のとおり。この団体がキメラ動物に人間並みの権利を与えるべく過激な主張をしてくることは容易に想像できるだろう。彼らの要求で、国際会議に人間の顔を持った大型類人猿や哺乳類が多数参列し、「キメラ動物にも人権を与えるべし」とする議論がされる可能性は否定できない。人間への臓器移植のためだけに生まれてきた生命という悲劇の「キメラ動物」は、過激な動物愛護団体が利用するには好都合な存在となる。

あるいは、人間と同等の認知能力や思考能力を有したキメラ動物が誕生したらどうするのか。そのキメラ動物たちは、容姿は動物だが人間並みの知能を有しているのだから、人間としての人権を主張してくるはずである。

また、人間の脳を持ちながら繁殖能力に優れたラットベースのキメラ動物が出現し、多数決に打ち勝つべく個体数をネズミ算方式で増やせば、わずか数年で人類の全人口を何百倍も超え、人間がつくった民主主義の根本どころか社会そのものを崩壊させるだろう。それを擁護する動物愛護団体は巧みに利用され、結果、人間の頭脳を持つキメラ動物が地球の支配者になることは目に見えている。知能が同じならライオンやゾウではなく、繁殖力の高い動物が地球の支配者になるだろう。

人間への臓器移植のためだけのキメラ動物は歓迎だが、どんな目的だとしても絶対に動物に人間の脳を与えてはいけない。そんな人間の身勝手さが人間社会を守る絶対条件のようだ。

これは荒唐無稽な話ではない。臓器移植用のキメラ動物をつくる実験はすでにスタートしているのだから。

たった38億年で知性を得た人間は、科学的に奇跡の生物

人間の脳を持つキメラ動物の恐ろしさを理解すれば、逆に「知性」は人間だけに与えられた素晴らしい特性であることも理解できる。

光の速度（光速）を測定し、太陽系が宇宙空間を移動していることを発見し、知識と技術を駆使して実際にその宇宙へ進出していく。そのような知性を持つ生物が、地球上に生命が誕生してたった38億年で誕生するというのは、科学の世界では奇跡そのものとされている。

生命の進化の歴史で、最も大きな事件はなんだろうか。20億年前に多細胞生物に進化したこと、15億年前に性を得たこと、5億年前に脊椎や眼や顎を手に入れたこと。すべてが重要な事件ではあるが、ここで、人間が知性を手に入れるに至ったと推測される大きな事件を紹介しよう。

人間の祖先種は、3億年前には卵から孵(かえ)って生命現象を発現していた。およそ2億年前に「子宮」を手に入れ、哺乳類となり、母体から生まれることになった。

子宮というのは素晴らしい臓器である。受精後、胎盤を介して、胎児に酸素と栄養素をたっぷり与えることができる。従って、卵の中で成長する場合とくらべて、胎児期に脳を巨大化させ、成長を促すことができるのである。そのおかげで人間は「知性」を手に入れることができたのだ。

しかも子宮は、免疫能力でさらなる興味深い特性を持っている。母体にとって胎児は「異物」である。たとえば、父親の血液型はA型、母親はO型、生まれた子供はA型の場合、子供はO型の母親の胎内で育ったはずが、生後は、A型の子供からO型の母親への輸血は「血液型不適合輸血」となり、輸血はできない。ではO型の母親にとって危険なA型の血液を持つ子供が、なぜ母親の胎内で成長できるのか。それは母親の胎盤内で白血球の一種であるリンパ球が、胎児を攻撃しないよう食い止めてくれているからである。

ウイルスに感染し、生き残った祖先種が人間へと進化

そんな人間にとって至れり尽くせりの子宮は、どのようにして形成されたのか？それは長い間、医学の謎として議論されてきた。

2000年にアメリカの遺伝学研究所のグループが衝撃的な論文を『Ｎａｔｕｒｅ』

（403巻）に発表した。胎児に酸素と栄養素をたっぷり送る胎盤の形成をコントロールするのは「シンシチン」というタンパク質。このシンシチンの遺伝子を調べたところ、人間が元来持っていた遺伝子ではなく、ウイルス由来の遺伝子であったことを明らかにしたのだ。

おそらく2億〜3億年前に人間の祖先種がシンシチン遺伝子を持つウイルスに感染し、その遺伝子が体内に侵入したのであろう。このウイルス感染が人間に子宮を与え、脳を巨大化させ、知性の進化をもたらしたのだ。

2億〜3億年前の当時、我々の祖先種はシンシチン遺伝子を持つウイルスの侵入により、多くの個体が命を落としたことだろう。しかし、命を落とさなかった個体が興味深い遺伝子を獲得して進化していく。弱い個体は世代世代でどんどん死ぬ。とてつもない数の死を重ね、人間という種が完成した。これが進化の現実なのである。

コロナ禍で長く、ウイルスの感染拡大は絶対悪としてあらゆる防止策が実行されていたが、このような行為は生命の長い歴史で見れば、進化を阻止してしまう愚かな行為だったのである。

シンシチン遺伝子を持つウイルスが原動力となり人間の知性が進化したことは、現在では科学的共通認識となっている。よって、新型コロナへの過度な対策によるウイルスの排除は、人間が進化を諦めることと同じである、ということを認知しておく必要があるのだ。

「ウイルスが人間の知性を誕生させた」のは都市伝説ではない。「信じるか信じないかはあなた次第」などではなく、科学論文で証明された事実なのだ。

遺伝子を人為的に編集する技術を開発

我々の体の細胞1個の中に、長さ約2メートルのDNAが存在している。これは両親から受け取った、体および生命現象のレシピ・設計図である。

DNAは、地球上のすべての生物、すなわち、爬虫類、昆虫、植物、細菌らが共有し、すべて同じ暗号システムと解読システムを用いて生命現象を営んでいる。この事実から明らかなことは、地球上のすべての生物は1つの共通祖先から派生し、長い年月をかけて進化してきたものであるということだ。

近年、DNA上に存在する遺伝子を、人為的に容易に編集する技術が開発された。「クリスパー・キャス9（CRISPR－Cas9）」と名づけられた技術は、その簡易さで広く研究者たちの手に渡り応用されている。がんや難病の治療に役立てようとする研究はもちろんのこと、白いリンゴや赤い目のハチなど遺伝子編集に成功した実

例も興味深い論文として多数発表されてきた。(開発者は2020年にノーベル化学賞を受賞)

そして、ついに中国広東省の中山大学の研究グループが〝禁断の実験〟に手を出してしまった。クリスパー・キャス9を用いて、ベータ・サラセミア(地中海貧血とも)という血液の病気の遺伝子修正をする目的において、人間の受精卵の遺伝子の改変に成功したことを、2015年、学術雑誌『Protein&Cell』(6巻)に発表したのだ。

このニュースに世界中の研究者たちはショックを受けた。なぜならこの〝禁断の実験〟は、研究者たちが長らく保ってきた倫理的境界線を越えてしまったからだ。様々な議論が現在進行形で飛び交っているが、絶対反対の立場をとる意見を紹介しよう。

たとえ世界中の研究者がショックを受けたとしても、「遺伝子を改変した受精卵」は育ち出生する。そして成人すれば子孫をつくるだろう。そして、その子孫はまた次の子孫をつくっていく。先に述べたように、地球上のすべての生物は、1つの共通祖先から38億年間脈々と自然に受け継がれてきた遺伝子が進化したものである。それに対して、「遺伝子を改変した受精卵」の子孫たちは人為的に改変された遺伝子を持つグループとして地球上に存在することになる。「地球上の一部の生物は、共通祖先の遺伝子を受け継いでいない」という〝全生物史上初めてとなる事実〟が出現するのだ。

さらに、未来に向かって我々人間はこれまでどおりの速度と程度で自然な進化を遂げていくのに対して、遺伝子改変を受けたグループは、果たして人間と同じ進化を発現するのか、と懸念されている。もしまったく別の進化を遂げた場合、人間との関係はどのようなものになるのか。「遺伝子改変人間」が従来の人間の能力をかなり超える能力を異常な速度で得るような進化をする可能性は、誰にも否定できない。まるでSFの世界のようだが、「人間vs遺伝子改変人間」の戦争にまで発展する危険性もあると、研究者は危惧しているのだ。

HIVに耐性がある遺伝子を持つ双子の女の子が誕生

そして、2018年11月、クリスパー・キャス9を用いて中国広東省深圳（しんせん）市の南方科技大学の研究者が、エイズウイルス（HIV）に耐性がある遺伝子を持つ双子の女の子を誕生させたことを、香港で開催された「第2回国際ヒトゲノム編集に関する国際会議」で発表した。またしても中国による「人間の受精卵の遺伝子の改変」だった。

この発表に対して「次世代に対して無責任すぎる」と、さらに厳しい批判の声が世界中の研究者からあがった。

広東省当局は前述の会議のあと、南方科技大学の研究者を調査し、エイズウイルスに耐性がある双子が本当に誕生していたことを確認したと発表した。そして、双子の女の子の名前はルル（Ｌｕｌｕ）とナナ（Ｎａｎａ）になり、順調に成長していることが報道され、世界中にさらなる衝撃を与えた。

しかし、世界中の非難の大きさに耐えかねた中国当局は突如態度を変える。２０１９年12月、この研究者に対して懲役３年、罰金３００万人民元（約５９００万円）の実刑判決が下され、南方科技大学はこの研究者を解雇した。２０２０年10月現在、双子の女の子に関する研究の追加発表はいっさいなく、刑務所にいるはずの研究者は行方不明。双子の健康状態などの情報もまったく公表されていない。

38億年で初めて生まれた「遺伝子改変人間」の情報は、すべて闇に葬られているのだ。

遠藤マメ（えんどう・まめ）
１９６８年、東京都生まれ。歯科医師。98年に米国シカゴ大学客員講師に就任。２０１０年、「暗黒プロレス組織６６６」に入団。６６６の別ブランド「新宿二丁目プロレス」にも継続参戦し、「ユニオンプロレス」など幅広いプロレス団体で活躍。２０１７年に東京健康科学大学ベトナム校人間科学部の教授に就任。２０１８年より同大学の基礎医学教育学科学科長に就任。医学、心理学、生物学、人類学などの幅広い科学論文を読み漁り、ＹｏｕＴｕｂｅで紹介する活動を継続中。

都市伝説・考察系YouTuber「MATT」が語る

日本政府も推進するアバター社会の悪夢「メタバースで死んだら現実世界でも死ぬ」

超有名企業Facebookが、なぜ社名変更までするのか？

「GAFA」とは、世界的に強大な影響力を持つIT企業群の通称だ。このうち「F」は、アメリカのSNS最大手企業「Facebook」を指す。Facebookという社名は、同社の主要サービスであるFacebookの名称と共通していた。しかし、同社は2021年10月、社名を「Meta」に変更したのだ。

社名を変えるという大胆な行動の真意——。それは、主軸となる事業をFacebookから変えるという意思表示であろう。

新社名の「Meta」が指すのは、昨今話題の「メタバース」という仮想空間のことだ。Facebook、改めMetaは今後、仮想空間事業に力を入れていくために、わざわざ社名を変更したのである。

メタバースとは、いったいなんなのか。まずは簡単に説明しておこう。メタバースとは、「メタ（超越）」と「ユニバース（宇宙）」という2つの単語を組み合わせた造語だ。もともとはSF作家のニール・スティーヴンスンが1992年に発表した『スノウ・クラッシュ』という小説のなかに登場する仮想空間サービスの名称だった。小説内だけで使われていた言葉が、次第に一般的にも用いられるようになっていったのだ。

メタバースの世界では「ブロックチェーン」という技術が活用されている。この技術は仮想通貨などですでに利用されているように、データの改ざん、システムダウン、取引の記録の消去を起こしづらくする。

オンラインゲームなどを想像してほしいのだが、これまではアカウントをつくり直せば、自分の仮の姿であるキャラクターやアバターのデータは消えてなくなっていた。しかし、ブロックチェーン技術を用いているメタバースの世界では、アカウントをつくり替えてデータをリセットするという行為ができなくなる。メタバースの世界にいる自分は、現実世界の自分と強く紐づき、まるで「替えが利かないもうひとりの自分」のような存在になるのだ。

新型コロナパニックでオンライン生活が一般化

前置きが少し長くなったが、ここから、都市伝説的な話をしていこう。なぜMetaは、メタバース事業に本格的に乗り出そうとしているのか。その裏には、増えすぎた人間を削減していき、安定的な社会を実現させたいという計画が潜んでいるという。現在、この計画をスムーズに進めるために世界で起きているのが「新型コロナウイルスのパンデミック」であり、日本政府が掲げるのが「ムーンショット目標の実現」だ。

日本政府は「我が国発の破壊的イノベーションの創出を目指し、従来技術の延長にない、より大胆な発想に基づく挑戦的な研究開発（ムーンショット）を推進する国の大型研究プログラム」を進めている。このプログラムに基づいて政府が掲げているのが「ムーンショット目標」だ。９つある目標のうち、一つ目に打ち出されているのが「２０５０年までに、人が身体、脳、空間、時間の制約から解放された社会を実現」というもの。内閣府のホームページには、アバター生活を社会活動の基本とする旨が書かれており、現実世界から仮想空間での生活へステージを移行させたい狙いが伝わってくる。

アバター生活が進んでいけば、肉体は同じ場所に留まったまま、仮想空間で気軽に友人に会えるし、海外旅行だってできる。このようなデジタルの世界を中心とした生活を政府は実現しようとしているのだ。

コロナ禍で変化したライフスタイルを思い出してほしい。仕事の打ち合わせもオンライン、友人との飲み会もオンライン、外に出ないで自粛するべし……と、我々はコロナ禍で、家から出ず、直接人と会わない生活を半ば強制されてきた。最初こそ困惑しただろうが、今では多くの人がオンラインツールを使いこなし、買い物も食事も、家から出ずに行えることに違和感を抱かなくなった。キャッシュレス決済も一般化し、実体のある物に触れる機会がどんどん減ってきているのではないだろうか。新型コロナウイルスの流行は、私たちをデジタルの世界へ依存させ、メタバースを受け入れやすい環境の基盤づくりを目的として、わざと広められたとも考えられるのだ。

メタバース空間での暴走が現実社会の自分に影響する

仮想空間での生活が今以上に浸透していくと、近い将来、多くの人々が登校も出勤もしなくなる。これまで「出社が必須」といわれていた業種の人たちでさえ、メタバース内で雇用が生まれるからだ。メタバースの世界は、現実と同じか、もしくはそれ以上に重視されるようになっていくだろう。

場所に囚われない生活というのは、一見すると便利に思える。実際、コロナ禍でそ

ザッカーバーグは「今後10年以内にメタバース人口を10億人にまで到達させる」という目標を公言している

の利便性を感じている人も少なくない。

だが、こうした世界になじめない人というのは、必ず出てくる。使い方云々ではなく、人とのリアルな交流が減り、「オキシトシン」と呼ばれる幸せホルモンの分泌が減ってしまうからだ。オキシトシンを効果的に分泌させるには、心許せる相手とスキンシップをとるのが一番だといわれている。それなのに、人とのかかわりが減って幸せを感じるホルモンが出なくなっていけば、精神的におかしくなる人も出てくるはずだ。

メタバースでの生活にストレスを感じて精神が不安定な状態に陥ってしまった人は、攻撃的になっていく。しかも、そういう人たちにとってのメタバース空間というのは、オンラインゲームの延長のようなものという認識が強い。ゲーム感覚で人を殴ったり、犯罪行為に走ったりしてストレスを発散しようとするだろう。しかし、実際のところ仮想空間での行動というのは、現実の自分の評価に直結する。メタバース空間でついた犯罪歴は、そのまま現実の世界の自分が背負うことになるのだ。

こうして不審者のレッテルが貼られまくっていくと、現実世界でも何か危険な行為に及ばないかどうかと常に監視され、頻繁に職務質問を受ける羽目になりかねない。よりエスカレートしていけば、「こいつは危険な人物だから」と、何もしていないのに予測逮捕をされるおそれもある。

増えすぎた人間を削減するための〝殺戮システム〟か

このような事態が現実になるとは、信じ難いという人も多いだろう。しかし、MetaのCEOであるマーク・ザッカーバーグは、こう発言している。

「Facebookはこれまでつくられたもののなかで、最も強力な大衆操作ツールだ」

さらにCIA長官補佐のクリストファー・サーティンスキーは、こう言っている。

「Facebookこそ我々がネットを開発した目的であり、このシステムにより全世界の個人情報収集が可能となる」

大衆操作や個人情報収集を行っている会社なのだから、メタバースをそのために使うべく進めている可能性は十二分に考えられる。

もう一つ、ザッカーバーグの言葉を紹介したい。

「メタバースで死んだら現実世界でも死ぬ」

これは、メタバース内で犯罪行為を行うなどして社会的地位を失うと、現実世界でも信用が失墜してしまい社会的な死を迎える、という意味ではないだろうか。

画期的な先進技術に思えるメタバース。だが本当は、増えすぎた人間を削減していくための〝殺戮（さつりく）システム〟かもしれないのだ。もちろん、この話は私が考察した都市伝説にすぎず、100％真実であるとはいえない。それでも、あなたがメタバースの世界へ足を踏み入れる際は、よく考えてからその一歩を踏み出してくれることを願っている。

MATT（まっと）

自身の都市伝説チャンネル「MATT SHOW」では陰謀論から予言、日本神話まで嘘かホントかわからない世界の裏側を考察している。チャンネル登録者数は9・6万人（2023年5月現在）でファンは「マ族」と呼ばれている。2021年6月には東京・新宿に、「都市伝説BAR KAMNA（カムナ）」を世界ミステリーchらとオープンさせた。

第四章

歴史を動かす黒幕たちの正体

都市伝説・考察系YouTuber「MATT」が語る

狙われた日本の資本主義システム フリーメイソンの「渋沢栄一」洗脳計画

日本資本主義の父　新1万円札の「顔」

２０２１年2月から12月まで放送されたＮＨＫ大河ドラマ『青天を衝け』。同作の主人公は、「日本資本主義の父」と称される実業家・渋沢栄一だ。渋沢は２０２４年から新１万円札の〝顔〟にもなる人物で、今や彼の名前を知らない日本人は少ないだろう。

そんな渋沢が残した功績は枚挙にいとまがない。日本初の近代的銀行とされる第一国立銀行（現・みずほ銀行）、東京証券取引所、ＪＲ、帝国ホテル、キリンビール、一橋大学など、さまざまな企業、経済団体、学校の設立・運営に携わった。その数は企業だけで５００社以上といわれている。

これだけ日本社会に多大なる影響を与えた渋沢だが、実は彼がフリーメイソンやロスチャイルドなどとかかわりがあったことをご存じだろうか。渋沢と「世界の黒幕」

がつながっていた事実を話す前に、まずは簡単に渋沢栄一という人物と彼の足跡を説明しておこう。

尊王攘夷思想と徳川慶喜との出会い

渋沢は１８４０年、江戸時代末期に現在の埼玉県深谷(ふかや)市血洗島(ちあらいじま)に渋沢家の長男として生を受けた。実家は「藍玉(あいだま)」という染料や、養蚕(ようさん)、米や麦を扱う農家で、その土地では裕福な家庭だったという。幼少期より藍玉の仕入れから販売までを行っていた渋沢は、家業を手伝うことで商業的なセンスを身につけていく。7歳になる頃に近所の私塾に通い始め、学問と剣術の勉強をしていくのだが、実はこの私塾では当時流行していた「水戸学」なる学問を教えていた。水戸学を簡単に説明すると、「日本、そして天皇を邪険に扱う異人は許さない」「異人に対して腑抜(ふぬ)けた態度の幕府は倒す」というもの。渋沢は次第に、こうした過激な尊皇攘夷思想を持つようになっていったのだ。

　そして１８６３年、23歳の渋沢は従兄弟たちとともに、高崎城の乗っ取りと横浜外国人居留地の襲撃を企てる。高崎城を襲撃して武器を奪い、一気に横浜まで攻め上げて、外国人を片っ端から惨殺するという計画だ。大量惨殺の後に外国と幕府を戦争状態に持っていき、幕府が弱り切ったところで討つ、というのが計画の青写真だったという。

結局、この計画はあまりに無謀だったため、従兄弟たちの説得により中止となった。もしもこの計画を強行していたら、渋沢は今とは違う形で後世に語り継がれる存在になっていたかもしれない。

その後、渋沢は藩や幕府にこの計画がバレることを恐れ、京都へ逃亡を図る。当時、渋沢は一橋慶喜（のちの徳川慶喜）の家臣・平岡円四郎という人物とかかわりを持っており、平岡の家来を装って難なく京都へ向かった。

平岡の手助けもあり、渋沢は無事、逃亡に成功。京都に着いてからは慶喜に仕えることに。しかも、持ち前の商才を生かして一橋家の財産を潤沢にさせ、慶喜からの厚い信頼を得るまでのポジションに成り上がったのだ。その後、慶喜は徳川15代将軍に。渋沢は慶喜に重用される家臣となる。

慶喜が将軍になると、渋沢は慶喜と直接面会できなくなってしまう。それでも、慶喜は渋沢を高く評価していたため、フランスへ渡る弟・徳川昭武に同行させ、幕府の代表としてパリ万博への参加や昭武のフランス留学の庶務・経理係を担当するよう命じたのだった。

　この渡仏をきっかけに、渋沢はフリーメイソン、ロスチャイルドといった世界の黒幕たちと浅からぬ関係を持つようになっていくのである。

フリーメイソン会員だった⁉　シーボルトの息子が通訳

　フランス行きの船の中で、渋沢は通訳として同行していた人物と知己を得る。それがアレクサンダー・フォン・シーボルトである。彼の父親は長崎の出島で医師などとして活動したドイツ人、フィリップ・フランツ・フォン・シーボルトだ。父のフィリップはフリーメイソンのメンバーだったと判明しており、同じくフリーメイソンメンバーで日本に開国を迫ったペリーに情報を提供していたといわれている。そして息子はオーストリアと日本の不平等条約成立に暗躍し、オーストリア皇帝から勲章を授与されている。このオーストリア皇帝もフリーメイソン擁護派の人間である。息子のアレクサンダーが父・フィリップ同様にフリーメイソンだったという証拠は見つかっていないものの、フリーメイソンだったとしてもおかしくはないだろう。

　フランスに到着した渋沢は、シーボルトの案内でヨーロッパ各国のあらゆる施設を訪問する。イギリスに行った際には英国の中央銀行であるイングランド銀行にも視察へ行っている。イングランド銀行はロスチャイルド家の支配下にあり、そんな場所へ視察に行けたのも、シーボルトの存在があったからだと考えられる。他にも、ロスチャイルド家が金融市場を支配する拠点だった金の精錬所も見学したという。

ロスチャイルドから資本主義システムを学んだ

渡仏後には、シーボルト以上に渋沢に影響を与えたとされる人物がいる。フランス人銀行家のポール・フリュリ＝エラールだ。この男が渋沢に最新の金融システムや資本主義経済の仕組みを教えたと言い伝えられているのだが、エラールもロスチャイルド側の人間だったと噂されているのだ。

というのもエラールの銀行、フリュリ＝エラール銀行はフランス最大の銀行であるソシエテ・ジェネラル銀行の支配下だった。このソシエテ・ジェネラル銀行の設立にかかわっていた人物こそ、パリのロスチャイルド家当主のジェームズ・ド・ロスチャイルド。つまり、渋沢はロスチャイルドの息がかかった銀行家から、近代日本の基礎を作り上げていくシステムや思想を学んでいたというわけだ。

渋沢のフランス滞在中に、日本では大政奉還が行われる。そして帰国するやいなや、渋沢は明治政府に招かれている。この人事にもフリーメイソンが関与している。

政府で働くようになった渋沢の上司になったのは、伊藤博文と井上馨（かおる）。彼らがイギリスに留学していた際の世話役は、フリーメイソン・ロンドンのグランドロッジの主要メンバー、ジェームズ・マセソンだ。渋沢とシーボルトやエラールのように、海外留学中に彼らにもフリーメイソンの息がかかっていたとしたら……。明治政府は、フリーメイソンとかかわりのある人間が中心となって牛耳っていたと考えられるのだ。

こうした人物たちにより、近代日本の基礎は作り上げられた。つまり、今の日本の社会基盤には、フリーメイソンやロスチャイルド家の思想や意思が受け継がれているといっても過言ではないのだ。日本が彼らの支配から逃れられないのは、この頃からすでに決まっていたのかもしれない。

渋沢が日本によい影響を及ぼしたのか、それとも悪い影響を及ぼしたのかは個々人の判断に委ねられよう。だが、フリーメイソンの本質である「自由」「平等」「友愛」「寛容」「人道」という信念に関しては、誰よりも強く持っていたのではないだろうか。

「黄色い救急車」の噂の裏にあった国黙認の人身売買

戦後間もない〝貧困日本〟の闇伝説 子どもたちが恐れた「人攫(さら)いジープ」

文／桜木ピロ子

戦後の闇市を仕切っていたヤクザと復員兵たちの闇ビジネス

「黄色い救急車に連れて行かれるよ」――。

少し人と違ったところがあると、こんなふうに言われる時代があった。

これは、精神病者専用の救急車は「黄色い救急車」であるという噂に端を発したもの。結論から言うと、まったくのデマである。黄色い救急車など日本には存在しない。あったのは、国が黙認していた「人攫(さら)いのジープ」だ。

戦後間もない貧しい時代の日本。国民が全員飢えていた。生きていくこともままならず、幼い子どもを道端に棄てる家庭も多くあったという。そこに目をつけたのが、当時、闇市を仕切っていたヤクザと復員兵だった。

持て余した子どもを在日アメリカ人や海外に売ろうと考えたのだ。「日本人の子どもって売っていたら、買いますか？」――そんなふうにたずねたかは定かではないが、リサーチをかけると、需要があることがわかった。

日本人の子どもは従順でよく働くと海外の富裕層が欲しがったそうだ。労働力として売られる子どもたちには、給金が支払われることも多く、親も子も納得のうえで売られていったという。

地獄の奴隷市場に連れ去られた孤児や貧困家庭の子どもたち

悲惨だったのは、性奴隷として売られた子どもたちだ。さすがに、鬼畜米英の慰み者としてわが子を売る親は少ない。そこで闇市の連中が考え出したのが、孤児や貧しい家の子どもを「教育を受けさせてあげる」という名目で、ジープに乗せて攫うという手段。孤児の集団がいると聞きつけるとジープで乗りつけ、まとめて攫っては奴隷市場に連れて行ったのだ。

そこは地獄のようだったという。男児も女児も裸に剝かれ、買いつけに来た商人に、性器や肛門をくまなくチェックされる。なかにはその場で穴という穴を輪姦される子どもたちもいた。恐ろしいのは、国がこの事実を黙認していたということだ。

「ジープに連れて行かれるよ」――。子どもたちはそう声をかけ合って、身を守っていたとか。

都市伝説・考察系YouTuber「あおみえり」が語る

「英語教育」「体育座り」は闇の勢力による〝日本人劣等民族化〟計画だった

2つの電車内傷害事件の鮮明すぎる〝視聴者撮影〟映像

２０２１年8月、世田谷区を走行中の小田急線内で男が乗客たちを刃物で切りつけ、10人が負傷する事件が発生した。同年10月には、調布市を走行中の京王線内でも類似した事件が起きている。男が乗客たちを刃物で切りつけたうえに車内にオイルをまいて火をつけ、1人が重体、17人が軽傷を負った事件だ。2つの事件は大々的に報道されたため、記憶に新しい読者も多いのではないだろうか。

電車内で起きた2つの事件。これらの事件には共通する不可解な点がある。メディアで使われている〝視聴者撮影〟とされる映像が、素人が撮影したとは思えないほど鮮明に撮れているのだ。

走行中の揺れる車内で、犯人にいつ襲われるかもわからない危機的状態のなか、テレビで放映するのを意識したかのような画角とブレのない映像。プロでも苦戦しそうな撮影条件だが、これらの事件で視聴者から提供された映像は、どれも事件当時の様子がかなり的確に撮影されている。

この疑問については、このように考えられないだろうか？

「〝誰か〟が故意に電車内での事件を連続で起こし、プロのカメラマンに〝偶然居合わせた一般人〟を装って事件の様子を撮影させた」

そう考えると、不可解さにも納得がいくのだ。だが、ここで気になるのが、裏で糸を引く〝誰か〟の正体と動機だろう。

こうした事件を仕組んでいる黒幕は、都市伝説や陰謀論の界隈で〝闇の勢力〟と呼ばれる、ディープ・ステートやレプティリアン（爬虫類型宇宙人）たちだ。彼らにはメディアを利用して法律を変え、日本国民をコントロールするという目的があるといわれている。そのために、いかに凄惨な事件であるかをわかりやすく記録させ、メディアに報道させたのではないか。

実際に一連の事件を受け、今後鉄道各社が導入する新車両に監視カメラの設置を義務化する方針が固められてきている。それだけでなく、乗車前の手荷物検査の実施も視野に入れているという。もしも小田急線や京王線での事件が、国民に「電車内にもカメラがないと心配」という意識を植えつけるために、わざと起こされていたとしたら——。闇の勢力がプロのカメラマンを事件現場に配置し、人々の不安を煽るための材料を撮影させたと考えても不思議ではないだろう。

「日本人を洗脳するためにメディアという仕組みをつくった」

とはいえ、メディアでショッキングな映像を流す理由がわからない人もいるだろう。だがそもそも、日本におけるマスコミやメディアは、国民が政治などの重要な問題を考えにくくするために与えられた目眩（めくら）まし装置ともいえるのだ。闇の勢力にとって都合のいい世界になるよう一般市民をコントロールしたり、反対に不都合な事実を隠したりするために、メディアは利用されているのである。

日本テレビの初代社長であり、日本のテレビ事業の基礎を築いた正力松太郎も、「日本人を洗脳するためにメディアという仕組みをつくった」という言葉を残している。権力者がメディアを利用して国民を洗脳しているという話は都市伝説でも噂でもなく真実であり、戦後間もない頃から行われていたのだ。

彼らはメディアを使って国民を支配し、何を企んでいるのか。それは、国民の監視・管理だ。健康状態、口座情報などあらゆる個人情報をマイナンバーと紐づけ、国民一人ひとりの価値をスコア化する。スコアによってランク分けをし、ピラミッド型社会を形成して国民の監視・管理をしたいがために、電車内での凶悪事件や新型コロナのパニックを起こしているわけだ。

日本人が持つ霊性の高さを恐れる闇の勢力による〝言霊封じ〟の施策

現在、闇の勢力が最も支配下に置きたがっている存在が、我々日本人である。それはなぜか。彼らは、日本人が持つ〝霊性の高さ〟や〝言霊の能力〟を、非常に恐れているからだ。

今本書を読んでいる読者諸君も、「あのアーティストの新曲が〝神曲〟だった」「このお店のスイーツは〝神スイーツ〟」など、さまざまなものを〝神〟という言葉を使って褒めた経験がないだろうか。実は、日常的にあらゆるものを「神」扱いするのは、日本人特有の国民性といえるのだ。

日本には古くから「八百万の神」の思想が存在する。山や海などの自然にも「神」が宿っているという考え方だ。こうした思想を持っている日本人は、音楽やスイーツにも「神が宿っている」と、無意識のうちに思うわけだ。さらに、神が宿っているのは物や自然だけではない。日本人一人ひとりにも、それぞれに神が宿っているかのように、高いポテンシャルが備わっているのだ。

一人ひとりが神と同じポテンシャルを持っている日本人には、自身の発言を現実化させる「言霊」の能力が備わっている。日本語では重要な物事の表現のときに「腹をくくる」「腹を決める」「腹を割る」など「腹」という言葉が頻繁に使われるが、これは「腹」が日本人にとって言霊を司る重要な場所だからだ。

「丹田(たんでん)」という言葉を聞いたことがないだろうか。丹田は、へそから指3~4本分下の下腹部を指し、腹式呼吸をする際に意識する場所だ。日本人は本来、すべての人が丹田、つまり「腹」を意識した呼吸で言葉を具現化する力、すなわち言霊の力を持っている。しかし、それが闇の勢力により封じられているのだ。

例えば、小学生の頃、集会や行事の際に「体育座り」をするよう教えられただろう。もともと日本人は正座や胡座(あぐら)といった座り方に慣れ親しんでいた。こうした座り方は腹に力を込めやすい。しかし、戦後、闇の勢力が日本の教育に関与するようになってからは、言霊の力を強めてしまわないため、腹に力を入れづらい体育座りが定着していったのだ。

座り方以外にも、日本語より英語といった外国語の勉強に力を入れさせるカリキュラムも、闇の勢力による言霊封じといえる。日本語は世界的に見ても文法が難しく、アメリカでは「日本語は世界でいちばん難しい言語」といわれるほど難解な言語だ。

そんな日本語を操れる日本人は、かなり高い言語能力を有しているといえるだろう。

日本人が「自分は優れている」ことに気づく前に、監視・管理を進める

だが闇の勢力からすると、日本人が「自分は優れている」という自覚を持ってしまうと、言霊の力に目覚めてしまい、都合が悪い。言霊の力に目覚めた日本人は、丹田から意識して声を出すだけで、望む未来を実現する力を持つようになるからだ。

ディープ・ステートやレプティリアンたちには「自分たちこそ、世界で最も優れた存在」と思いたい気持ちがある。これまで見下していた日本人が自分たちよりも優れた存在になり、次々に日本人の望む環境を作り出していく世界、つまり、自分たちが最も優れた存在ではない世界の訪れを、とても恐れているのだ。

そこで、言語、歴史、文化などさまざまな部分で「日本は諸外国よりも劣っている」という劣等感が染みつくような教育を行わせ、言霊の力を封じている。メディアを利用して電車内への監視カメラの設置を急ピッチで進め、日本国民の監視・管理を進めようとしているのも、日本人を支配下に置きたいからだ。日本中のありとあらゆる場所に監視カメラを置き、日本人の動向を常に監視する。そして、万が一にも言霊の力に目覚めそうな人物がいたら、「危険人物」としてでっちあげ、予測逮捕に踏み

切るつもりなのだ。

私たち日本人は、闇の勢力によって「自分は無価値で無力な人間」と思わされているが、それは真実ではない。本当の私たちは生まれながらに特別で、価値があり、神聖な力を持っているのだ。その力を目覚めさせる唯一の方法は、自己が神と同じように特別で高い霊性を有した存在であると理解し、闇の勢力たちに惑わされない人生を歩む、ただそれだけだ。

もしも今、これを読んでいるあなたがディープ・ステートやレプティリアンの狙いどおりに洗脳されてしまっているとしたら、ぜひ目を覚ましてほしい。あなたが自分の存在や能力を認め、前向きに生きるだけで、誰にも邪魔をされない〝最強の自分〟になれるはずだから。

あおみえり
真実追及系YouTuber／フリーアナウンサー。北海道出身。不思議な話に興味があり、「なんで?」が口癖の幼少期を過ごす。コロナ禍でYouTubeライブ配信に力を入れ始めてから登録者が急増中。ニュース、政治・経済、都市伝説の裏側を考察する真実追求系YouTubeを毎日更新中。

GHQが「七三一部隊」捜査に圧力「帝銀事件」の黒幕はアメリカ説

都市伝説・考察系YouTuber「ジャックのゆっくり解説室」が語る

12人が毒殺された「帝銀事件」　逮捕されたのは画家・平沢貞通

多くの疑惑に包まれた戦後史に残る謎の事件のひとつ「帝銀事件」――。そう言われても、もはや帝銀事件を知らない人のほうが多いかもしれない。

まずこの事件について説明しよう。

戦後の混乱期、まだ日本がＧＨＱ（連合国軍最高司令官総司令部）の占領下にあった１９４８年１月26日午後３時過ぎ、閉店間際の帝国銀行椎名町支店に「東京都防疫班」の白い腕章をつけた40代と思しき男が現れた。

男は「厚生省技官」の名刺を差し出し、「近くで集団赤痢が発生した。ＧＨＱが行内を消毒する前に予防薬を飲んでもらいたい」と行員に告げた。赤痢とは細菌性の伝染病のことで、上下水道が未整備だった当時、患者数は年間10万人に上ったとされる。

男は「予防薬」を最初に自分が飲み、そのうえで行員ら16人に服用を促した。当然、それを見た行員たちは安全な薬だと考える。ところが、薬を飲んだ16人は全員が体の異常を訴え、さらにもう一種類の薬を服用した直後、ほぼ全員が苦しみながら床に倒れてしまったのだ。

結果的に11人がその場で死亡、1人が搬送先の病院で亡くなった。男が予防薬と偽って飲ませたのは、毒物の「青酸化合物」だったからである。そして、地獄絵図と化した銀行内から男は現金と小切手を奪い、逃走した。

これが事件のあらましだ。警視庁の捜査本部は7カ月後、二科展や帝展に作品を出展していた画家の平沢貞通を容疑者として逮捕。1955年に最高裁で平沢の死刑判決が確定した。

捜査対象者の3分の1以上が旧日本軍関係者だった

では、帝銀事件の謎とは何か。それは事件から70余年が過ぎた今なお、平沢の冤罪(えんざい)が強く疑われること。つまり「事件の真犯人と黒幕は誰なのか?」ということだ。

平沢が容疑者とされたのは「前年の類似事件(安田銀行荏原(えばら)支店事件)で使われた厚生省技官の名刺を持ち主から受け取ったひとりだった」「類似事件の犯人の人相書きと顔がよく似ていた」「銀行から盗まれた現金とほぼ同額を所持し、その出所も不明」などが理由だった。

しかし、それは状況証拠にすぎない。現金はその後、闇市成金に絵を売った代金だったことが明らかになり、面通しで平沢を犯人と断定した被害者もいなかった。そして、犯行に使われたのは特殊な青酸化合物である「青酸ニトリール」だったという説が最も有力だ。これは旧日本軍の研究者でもなければ入手できない代物である。そんな毒物を画家が所持し、ネットがない時代に使用法まで熟知して冷静に大量殺人を行うなど、どう考えても不自然だろう。

平沢が真犯人を隠蔽するためのスケープゴートだった場合、黒幕は誰なのだろうか。

帝銀事件の捜査本部には、藤田次郎刑事部長をトップに3班が組織された。主力は厚生省技官の名刺を調べる「名刺班」で、平沢を逮捕したのはこの班だ。次に投書やタレコミをもとに捜査にあたる班。そしてもう一つが藤田部長の特命班ともいえる「秘密捜査班」である。

捜査本部では、甲斐文助捜査一課係長が情報を集約し、刑事の役割分担を指示していた。この甲斐係長が残した記録、通称「甲斐メモ」を見れば、帝銀事件の捜査本部が、とりわけ秘密捜査班の本丸が、当初から「軍関係者」だったことがよくわかるのだ。

捜査対象は「軍関係者」「通報・投書」「医師・薬剤師」「衛生防疫関係」など多岐にわたるが、そのうち軍関係者に対する捜査割合は全体の35％。実に対象者の3分の1以上が軍関係者だったのである。

捜査本部が追った「七三一部隊」　人体実験で「細菌兵器」を開発

一体「軍関係者」とは誰を指すのか。それはズバリ、旧日本陸軍の特殊謀略部隊である。なかでも捜査本部が最も時間を割き、最も多く関係者から聴取を行っていたのが「七三一部隊」だった。

七三一部隊は、1981年の森村誠一のベストセラー『悪魔の飽食』によってその存在が世に知られるようになった細菌戦部隊だ。正式名称を「関東軍防疫給水部本部」といい、関東軍が支配していた満州のハルビン市に拠点を構えていた。

七三一部隊の関係者は戦後長らく沈黙を貫いてきたが、10年ほど前からメディアで当時の証言を行うようになった。例えば、14歳で七三一部隊に入隊したという元少年兵は、部隊の任務のひとつは敵兵を伝染病に感染させる「細菌爆弾」を製造することだったと証言している。しかも、その細菌爆弾の威力は、残虐な人体実験によって検証されたという。

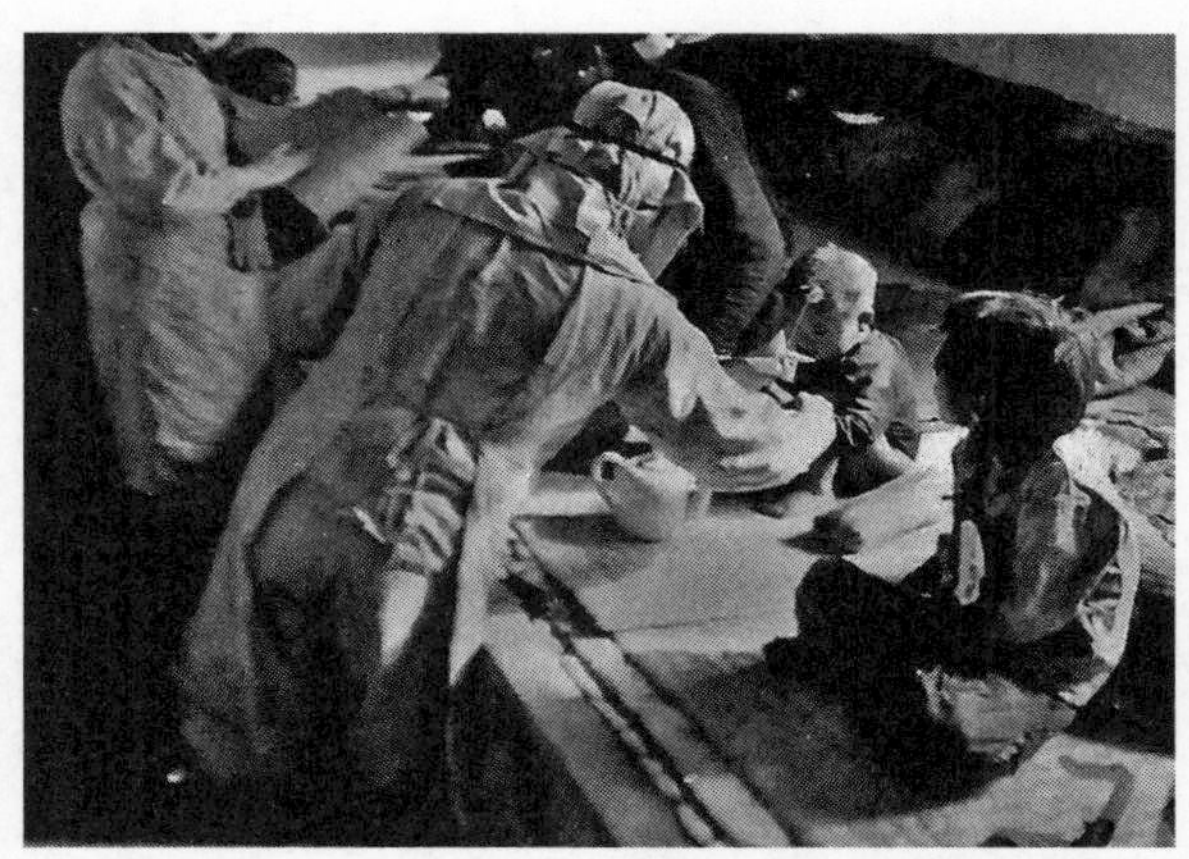

中国吉林省で子どもを対象に細菌実験を行う七三一部隊とされる写真。七三一部隊の存在は歴史的事実だが、日本政府はいまだに「活動資料がない」と答弁

人体実験の実験台にされたのは関東軍が捕らえた中国人やロシア人の捕虜たちで、彼らは「丸太」に等しい存在だったことから「マルタ」と呼ばれていたというのだ。

捜査員は、七三一部隊を率いていた石井四郎元軍医中将にも面会していた。「甲斐メモ」によると、そのとき石井元軍医中将は「俺の部下に犯人がいるような気がする」と言ったという。

そうしたなかで浮上したのが、旧第九陸軍技術研究所、通称「登戸研究所」が開発した前述の「青酸ニトリール」という特殊な青酸化合物である。この青酸ニトリールの効果が表れるのは服用してから約1分後。こうしたデータは、満州で中国人などの捕虜を実験台にした人体実験で得たものだといわれている。

七三一部隊が戦犯免責を条件に人体実験のデータを米軍に提出

しかし結局のところ、七三一部隊など特殊謀略部隊の関係者に対する捜査は中止されてしまうこととなる。ある時から帝銀事件の捜査方針がガラリと一転し、名刺班が平沢貞通の逮捕に突っ走り始めるのだ。

その理由は、GHQによる捜査本部への圧力と考えてほぼ間違いないだろう。圧力があったことは、すでにさまざまな資料で明らかになっている。

実は、米軍機関は終戦直後から七三一部隊関係者に対する尋問を開始しており、帝銀事件の前年4月には、石井元軍医中将が七三一部隊員の戦犯免責を条件に人体実験のデータ提供を申し出ているのだ。

同じ年、米軍機関がアメリカ本国に七三一部隊員の保護を求めるレポートを提出し、さらに同年7月には、国務・陸軍・海軍省3省調整委員会、通称「SWNCC（スウィンク）」の極東小委員会が七三一部隊関係者の免責と極秘事項扱いを決定している――。

つまり、アメリカは七三一部隊を戦犯として訴追することより、細菌爆弾などの生物兵器のデータのほうが重要と判断したということだ。

その背景には、米ソ冷戦の激化、中国における国民党政府＝国民革命軍と中国共産党＝紅軍の国共内戦、朝鮮半島の分断などがあったようだ。東西冷戦下でアメリカの国益を守るためには、敗戦国で起きた強盗殺人事件など大した問題ではなかったということだろう。

もっといえば、帝銀事件の裏で糸を引いていた黒幕はアメリカだった可能性もある。東側陣営との来る「細菌戦」に向けて、データを取っていたのではないか。

ちなみに、平沢貞通は死刑判決が確定していながら、歴代法務大臣が誰も死刑執行命令に署名しないまま、１９８７年に八王子の医療刑務所で肺炎のため獄死した。享年95。平沢の遺族たちが第20次再審請求を行っているが、帝銀事件はこのまま戦後史に残る謎の事件として幕を閉じる公算が大きい。

都市伝説・考察系YouTuber「國澤一誠」が語る

元宮司の弟が宮司の姉を日本刀で刺殺 富岡八幡宮殺人事件は「徳川家」の天誅!?

パワースポットとしての東京タワーと増上寺

1958年12月23日に開業した、高さ333メートルを誇る東京都のシンボル「東京タワー」。関東地方のテレビ・ラジオの総合電波塔として建てられた東京タワーの正式名称は、日本電波塔であり、自立式鉄塔としては、2012年2月29日に完成した東京スカイツリー(634メートル)に抜かれるまで日本一の高さを誇っていました。

住所は東京都港区芝公園(しばこうえん)4丁目ですが、芝公園一帯はもともと古墳があった場所であり、東京タワーのすぐ近くにある増上寺は、徳川家康が江戸城の裏鬼門封じに建てたものです。古くから、こうした由緒ある建造物が好んで建てられていた地ということもあり、東京タワーはパワースポットとしても愛されてきました。

ある意味で〝東京の象徴〟のような建物でもあるので、古くから成功者たちはそのパワーの恩恵を受けようと、東京タワーの近くに家を買ったり、オフィスを建てたりする人が多かったようです。都市伝説や陰謀論ではおなじみ、フリーメイソンの日本総支部「日本グランドロッジ」も芝公園内にあります。この地に拠点を構えることは成功者たちの権力の誇示なのでしょうが、一方で、失敗した人の話も多く聞こえてくるのです。

また、東京タワーは建設時、地域住民たちの大反対の声を押し切って強引に建てられたといいます。民意を無視して、増上寺のお墓の一部を潰して強引に建てられたことと関係があるのかないのか、昔から今に至るまで、ラジオの収録などで「助けてくれ」といった声や、人が苦しんでいるようなうめき声が入ったという話をよく聞きます。それ以外にも東京タワー周辺では、携帯やカメラに心霊的な現象が起こったり、幽霊を見たという話を何度も聞いていますが、幽霊というのは目で見るのではなく、「脳で見る」らしいんですね。東京タワーは電波塔ですが、人間の脳にも微量の電磁波が通っています。これらのことから考察するに、幽霊たちは電磁波を使って何かのメッセージを伝えに来ていて、波長が合った人だけに幽霊が見えているのではないかとも思うのです。

悪魔の数字666、徳川家の菩提寺……東京タワー周辺には「何か」がある

こうした話を見聞きするたびに、東京タワーには何かあるんじゃないか？ と思っていた私は、東京タワーやその周辺スポットについて、自分なりにいろいろ調べてみることにしたのです。前述したように東京タワーは333メートル。夜に現地を歩いてみてわかったのですが、東京タワーの反対側には、東京タワーがまるまる反射で映り込むビルがあります。東京タワーがまるまる映り込むわけですから、こちらも333メートル。足すと666、そう悪魔の数字です。その〝2つの東京タワー〟の間にはまるで悪魔を封じ込めるかのように教会が2つ並び、道を挟んだ斜め向かいにはフリーメイソンの日本総支部「日本グランドロッジ」があるのです。少しゾッとしませんか？ それぞれの立地に何か意味があるとしか思えません。

また、東京タワーが建つ芝公園というのは、もともとは全盛期に約25万坪にも及んだ増上寺の境内です。そして、徳川家の菩提（ぼだい）寺である増上寺には、6人の将軍（二代秀忠公、六代家宣公、七代家継公、九代家重公、十二代家慶公、十四代家茂公）の墓所が設けられています。さらに東京タワーや徳川家との関連を調べるなかで、引っかかってきたのが東京江東区にある八幡神社「富岡八幡宮（とみおかはちまんぐう）（通称・深川八幡宮）」です。この神社を、建立（こんりゅう）時、バックアップしたのが八幡大神を尊崇した徳川家なのです。そ

んな徳川家ゆかりの富岡八幡宮で、２０１７年12月7日に、歴史に名を残す凄惨な事件が起こっています。記憶している方も多いと思いますが、元宮司の弟が妻とともに宮司である姉を日本刀で刺殺し、妻と自害した「富岡八幡宮殺人事件」です。

放蕩を繰り返す宮司家に、徳川の天誅が下ったのではないか？

殺されたのは宮司の富岡長子（ながこ）さん（当時58）。長子さんを殺したのは、弟で元宮司の茂永（しげなが）容疑者（同56）と妻の真里子容疑者（同49）＝ともに犯行後に死亡＝でした。以下は、事件を報じた当時の産経新聞からの引用です。

【「刃物を持った女が暴れている」

７日夜。１１０番通報した通行人の男性（41）は、日本刀を手に、運転手の男性を追いかける真里子容疑者の姿を目撃した。「走るような感じではなく、堂々と歩いてきた。その後、『お前だけは許してやる』という女性の声が聞こえ、ただ事ではないと思った」

この直前、茂永容疑者とともに神社近くの物陰に潜んでいた真里子容疑者は、車で帰宅した長子さんと運転手を襲撃。防犯カメラの映像などから、茂永容疑者は、一度は車の中に身を隠した長子さんを引きずり出し、刃渡り約80センチの日本刀で執拗に切りつけたとみられている。真里子容疑者は車から逃げ出した運転手を100メートルほど追いかけ、別の日本刀で腕などに切りつけた。
その後、2人は長子さんの自宅玄関近くまで移動。茂永容疑者が真里子容疑者と自分の胸を刺すなどして、「自害」を図ったとみられる】

まさに身の毛もよだつ恐ろしい事件でしたが、簡単にいえば放蕩三昧を繰り返し、父親によって追放された元宮司の弟が、姉（こちらはこちらで度重なるホスト狂いを指摘されていた）が宮司を継いだことに納得できず、積年の不満を募らせたうえでの凶行だったわけです。繰り返しになりますが、この事件が起きたのは2017年12月。その60年前（厳密には59年前）の12月に開業したのが東京タワーです。この奇妙な符合に、私はどうしても徳川家6人の将軍が眠る増上寺の一部を壊して建てられた東京タワーと、徳川家のバックアップのもと建てられた富岡八幡宮の事件がつながっているように思えてしまうのです。

また、東京タワーといえば赤を思い浮かべる人が多いと思いますが、富岡八幡宮の鳥居も赤です。赤というのは古来より魔除けの色でもあるのですが、富岡八幡宮の事件は、「富岡八幡宮近郊と敷地内で起こった連続殺人事件」とされているように、お姉さんは富岡八幡宮の境内から少し出たところで絶命しました。つまり、魔除けの効力がなくなった瞬間に亡くなってしまったともいえるのです。増上寺、東京タワー、富岡八幡宮……そして、このすべてにかかわっている徳川家。つまり、この事件は考えようによっては「徳川の呪い」で、放蕩を繰り返す彼らに徳川の天誅（てんちゅう）が下ったのではないか？　とも思えるのです。

國澤一誠（くにさわ・いっせい）
『人志松本のゾッとする話』の元準レギュラー。2019年9月からYouTubeで配信を開始したホラーエンタメチャンネル「スダマキダン（魑魅奇譚）」のリーダーを務めた。内容は怖くて笑えるスタジオ企画や、心霊スポットにまつわる事件を深掘りして紹介する「本当にあった心霊事件簿」など。自身の怪談師生命をかけた個人チャンネル「國澤一誠のゾッとするch」も毎日配信中。

都市伝説・考察系YouTuber「世界ミステリーch」が語る

ダイアナ元皇太子妃の死をめぐる〝陰謀〟

没後25年を迎えたダイアナ

２０２２年9月。エリザベス女王が96歳で亡くなった。大英帝国の終わり、ＥＵ離脱といった激動の時代を生きた偉大な人物だった。

とはいえ英国王室といえば、たびたびスキャンダルが報じられてきたのも事実。ハリー王子のマリファナ騒動やアン王女の犯罪歴、アンドリュー王子の性的スキャンダルなど、あげだしたらきりがない。

なかでも最も歴史に残ったのは、ダイアナ元皇太子妃のスキャンダルだろう。２０２２年は、没後25年を迎えるダイアナの映画『プリンセス・ダイアナ』『スペンサーダイアナの決意』が公開され話題となったが、彼女の最期はパリ滞在中にパパラッチに追われ、車で逃走した末の事故死だった。一方、陰謀論界隈では「英王室に謀殺された」といった説も膨らんでいるが、果たしてそれは本当だろうか。

一般車両より遅かった救急車

まずは、事故当時のことを振り返ろう。1997年8月31日午前0時30分頃、ダイアナと交際中だったエジプトの億万長者の息子ドディ・アルファイドを乗せた車は、パリ市内のトンネルで事故を起こし、ドディと車を運転していたホテルの警備副部長のアンリ・ポールは即死。ダイアナも搬送先の病院で息を引き取った。

事故直後は、パパラッチに追跡された車がスピードを出した結果、アンリがハンドル操作を誤ったとされたが、「黒いプジョーが割り込んだ」などの目撃情報も多数あった。そのため、数人のパパラッチが過失致死の疑いで拘束され、プジョーもパパラッチのものとわかったが、結局、彼らは「途中で振り切られた」という証言により無罪に。

一方、運転していたアンリは、基準値の3倍以上のアルコールと薬剤まで摂取していたと判明した。ただ、彼は元パイロットで誠実な人柄で知られており、「彼がそんな状態になるとは思えない」との証言も出ていたという。

事故車に同乗し、唯一の生存者となったボディーガードのトレヴァー・リース・ジョーンズは、「事故のことは覚えていない」の一点張り。パパラッチが現場で撮った写真も証拠品として押収され、ほとんど世に出ることはなかった。

さらにダイアナが病院に運ばれる際、事故現場から最も遠い救急病院に向かったことや、救急車が到着までに一般車両よりも時間がかかっていたことにも疑問の声が多数集まった。

結論から言えば、この事件に関する捜査は2008年時点でほぼ終了している。事故当日のダイアナ、ドディ、トレヴァー、アンリの行動はすでに細かく明らかになっているのだ。

ボディガードのトレヴァーだけが助かったのは、単に彼だけがシートベルトをしていたためだ。本来、ボディーガードはすぐに動けるようベルトは着けないものだが、トレヴァーは事故直前に危機を察知し、反射的に着用した可能性が高いという。反対に、ダイアナとドディは、リムジンの後部座席でゆっくり過ごすためにシートベルトをしていなかったと推察される。救急病院に到着するのが遅かったのは、現場でできるかぎり手当てをしてから病院に運ぼうとした救急隊員の判断によるという。

車を運転していたアンリの飲酒も、すでにホテルでの勤務を終えていたアンリが酒を飲んでいたところ、ダイアナがパパラッチから逃げるために急遽呼び戻され、ホテルから逃げるための運転手が必要だったから、というのが死因審問でイギリスの陪審員たちが出した結論だ。

イスラエルによる策略説

これらの〝公式発表〟から考えれば、やはりダイアナの死は「運転手の飲酒が原因の交通事故」と断定するしかない。それでも陰謀論を支持する人が存在するのにはいくつかの要因がある。

ひとつは、ダイアナと、恋人だったドディの出自だ。イギリスの名門貴族・スペンサー家に生まれ、12歳年上の夫・チャールズの浮気や慣れない子育てに疲弊したダイアナが、離婚後に出会ったのがドディだった。彼はロンドンに本社を置くエジプトの貿易会社の一家に生まれ、『炎のランナー』などを手掛けた映画プロデューサーだったが、アラブ系がゆえの差別もしばしば受けていたという。

その父、モハメドはドバイの首長と交流があり、イギリス企業をアラブ圏に売り込んだり、老舗百貨店のハロッズやホテルチェーンのザ・リッツ・カールトンをよみがえらせたりと、いわば成功者だった。そんなモハメドが、息子のドディと、孫を妊娠していた可能性のあったダイアナを失った悲しみから、「息子とダイアナは、反アラブ的な陰謀で殺された」と、謀殺説を唱えたのだ。

この陰謀とは、「英国王室の王子にアラブ人の義父ができ、ダイアナがイスラム教に改宗するのを阻止するために殺された」というもの。イギリスの有名財界人でエジプト国民にも支持されたモハメドの口からそんな話が出れば、当然その影響力は大きかった。さらに「反アラブ」というワードから、まったく関係のないイスラエルによる策略説まで出ていたという。

もうひとつ、事故現場がフランスだったことも陰謀論を複雑化させた。「運転手の飲酒が原因」と発表したフランスだが、捜査時は関係者への接触を制限しており、「情報操作されたのではないか」という疑念が残ったのだ。よって、エジプト・イギリス国民は、フランスからの捜査結果を聞いても納得しづらく、イギリスはのちに、先述した自殺か他殺かなどを判定する「死因審問」を原則公開で行っている。

以上が、ダイアナの死をめぐる陰謀論が登場した背景であり、〝みなが愛するダイアナ〟を失った喪失感から、各立場、各国の思惑を巻き込んで、多様な陰謀論が生まれたのだ。ダイアナ以外にもスキャンダルにこと欠かないイギリス王室だが、読者には「その話は真実か、陰謀か」を冷静に見る目をぜひ養ってほしい。

本書は、小社より刊行した『最新版「都市伝説」大全』(2020年11月)、『ヤバすぎる「都市伝説」大全』(2021年8月)、『決定版「シン・都市伝説」大全』(2022年4月)、『発禁版「シン・都市伝説」大全』(2022年11月)を再編集し、文庫化したものです。

知れば知るほどヤバい都市伝説

（しればしるほどやばいとしでんせつ）

2023年6月20日　第1刷発行

著　者　「噂の真相」を究明する会

発行人　蓮見清一

発行所　株式会社 宝島社

〒102-8388　東京都千代田区一番町25番地

電話：営業 03(3234)4621／編集 03(3239)0927

https://tkj.jp

印刷・製本　中央精版印刷株式会社

First published 2020〜2022 by Takarajimasha, Inc.

Printed in Japan

ISBN 978-4-299-04410-5